億《おく》万《まん》長《ちょう》者《じゃ》も知らない!?

お金のびっくり事典《じてん》

監修／植村峻
中島真志
二橋瑛夫
文／中村浩訳
絵／うのき

はじめに

みなさんは、私《わたし》たちが毎日なにげなく使っているお金「お札《さつ》（銀行券《ぎんこうけん》）やコイン（硬貨《こうか》）」について、その歴史《れきし》、役割《やくわり》、デザインや製造《せいぞう》で使われているさまざまな技術《ぎじゅつ》を知っていますか？

お金は日常《にちじょう》生活で物を買う、またはサービスを受けるときに、その代わりに支払《しはら》うものです。また、みなさんの大切な財産として手元に置いておくものでもあります。

最近《さいきん》では、クレジットカードやスマートフォンを

使って支払いをするキャッシュレス決済《けっさい》が、世界的《せかいてき》に広まっています。しかしながら、日本だけではなく世界各国《かっこく》でも、お札や硬貨などの現金は、まだまだ大切で重要《じゅうよう》なものです。将来《しょうらい》も現金とクレジットカードなどが並行《へいこう》して使われることでしょう。

この本では、日本だけではなく世界のお金の歴史《れきし》、使われているお札の肖像《しょうぞう》や図柄《ずがら》にまつわるお話、さまざまなにせ札防止《ぼうし》の技術など、知られていないおもしろい話題を多くご紹介《しょうかい》しています。

ぜひ楽しみながら、お金に関《かん》する知識《ちしき》を身につけ、「お金の博士《はかせ》」になってください。

植村《うえむら》　峻《たかし》（紙幣《しへい》研究家）

もくじ

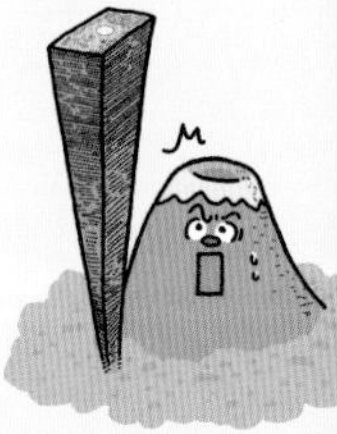

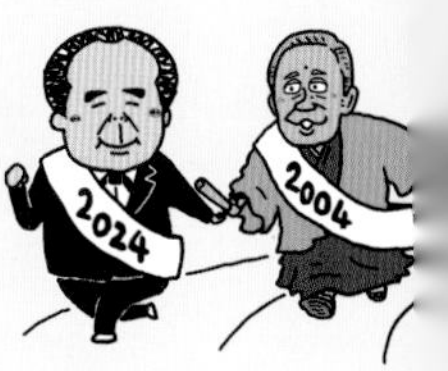

2024
2004

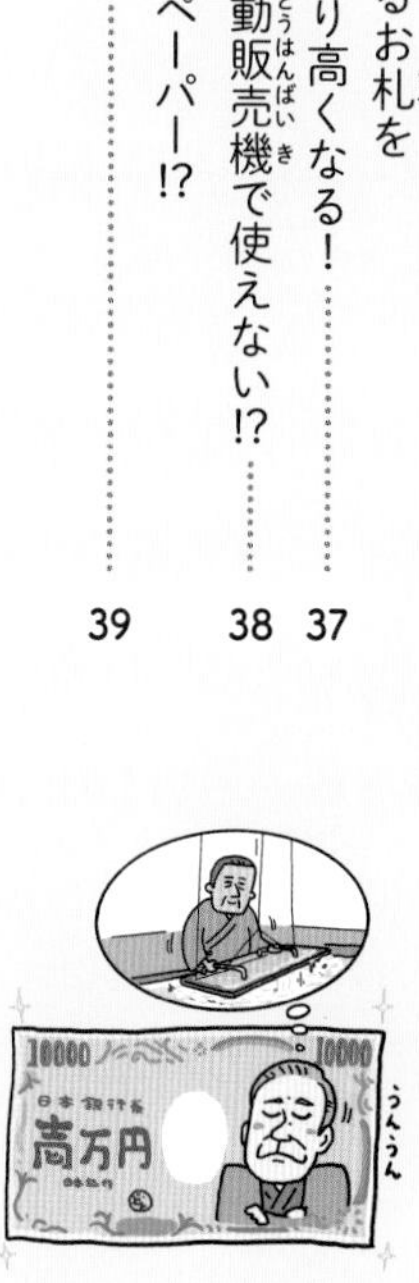

10000
高万円
うんうん

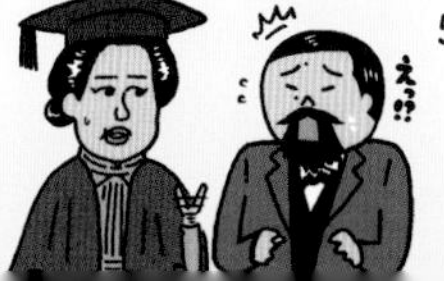

ワタシ ニホンゴ ハナセマセン…
え⁉

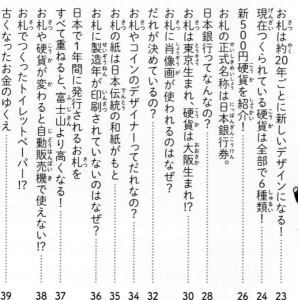

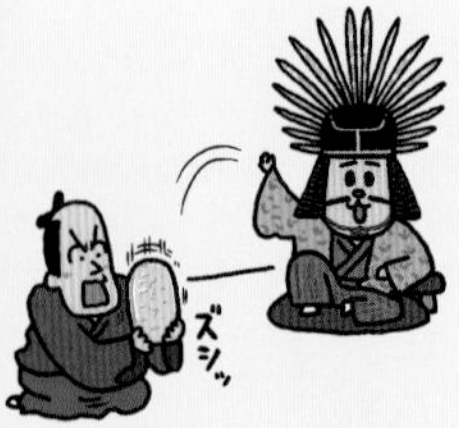

ズシッ

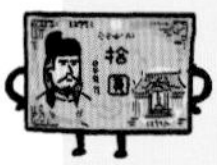

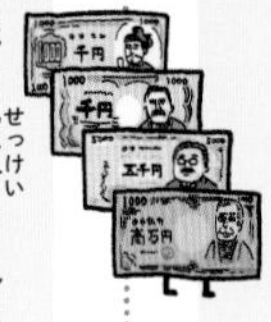

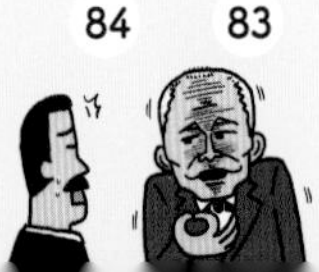

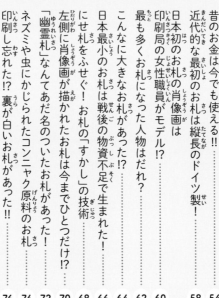

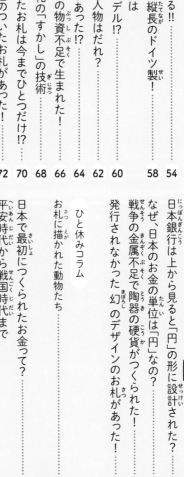

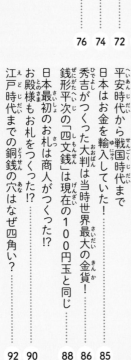

3章　外国のお金のびっくり

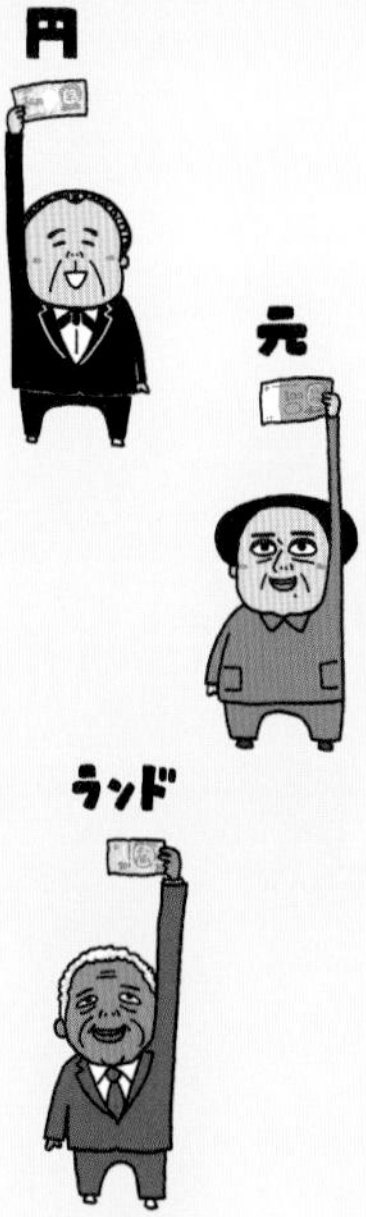

ひと休みコラム

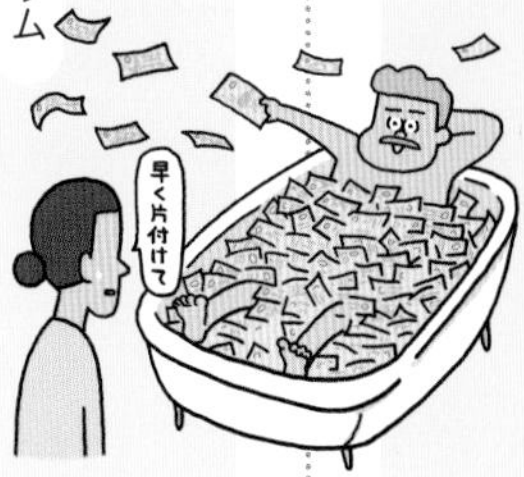

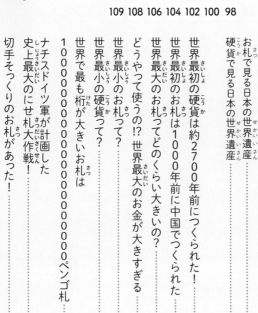

4章　お金の未来《みらい》のびっくり

1章 新札《しんさつ》と日本のお金のびっくり

Chapter

1

ついに登場、新札《しんさつ》大集合！

表

裏《うら》

新1万円札《さつ》

2024（令和《れいわ》6）年7月、20年ぶりに新しいお札《さつ》が発行される。1万円札、5000円札、1000円札の3種類《しゅるい》のお札のデザインが一新された。肖像画《しょうぞうが》も、今までにお札に採《さい》用《よう》されたことがない人物が採用されているんだよ。

「10000」「5000」「1000」と、大きく見やすい算用数字で額《がく》面《めん》（お札の金額）が表記されているのが、今までと大きく違《ちが》うね。

お札を新しくする理由には、にせ札づくりを防《ふせ》ぐためや、よりお札を使いやすくするためなどがあるんだ。

大きく変《か》わったデザイン以外《いがい》にも、新しいお札は最新《さいしん》の技術《ぎじゅつ》と工夫《くふう》がいっぱいつまっているんだよ。

その「新札のひみつ」を次のページからじっくりと紹介《しょうかい》！

新5000円札《さつ》

表

裏《うら》

新1000円札《さつ》

表

裏《うら》

新1万円札《さつ》のひみつ！

額面《がくめん》数字

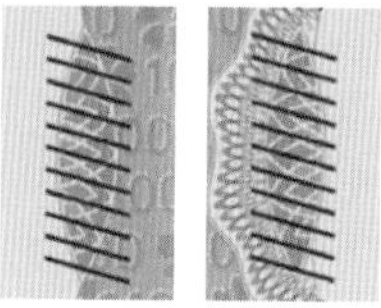

識別《しきべつ》マーク

❶深凹版印刷《しんおうはんいんさつ》
インキを高く盛《も》り上げて、さわるとざらざらする印刷《いんさつ》。額面《がくめん》や識別《しきべつ》マークで使用。

表

❷すき入れバーパターン
縦棒《たてぼう》のすかしが3本入っている。券種《けんしゅ》ごとに本数が違《ちが》う。

新1万円札《さつ》の表面の肖像画《しょうぞうが》は、実業家の渋沢栄一《しぶさわえいいち》（1840〜1931年）だよ。経営者《けいえいしゃ》として有名なだけでなく、彼《かれ》が執筆《しっぴつ》した『論語《ろんご》と算盤《そろばん》』という本に書かれているように、道徳《どうとく》と経済《けいざい》をいっしょに考えようとしたことで知られているよ。渋沢栄一についてくわしくは20ページで紹介《しょうかい》するよ。

裏面《うらめん》には「赤レンガ駅舎《えきしゃ》」として親しまれている重要文化財《じゅうようぶんかざい》の東京駅《とうきょうえき》（丸《まる》の内《うち》駅舎）が描《えが》かれている。

新しいお札にはとても細かい「すかし」や、肖像が立体的《りったいてき》に見える「ホログラム」など、日本の偽造《ぎぞう》（にせ札）防止技術《ぼうしぎじゅつ》がたくさん使われている。

また、目の不自由《ふじゆう》な人や外国人がお札の種類《しゅるい》を判別《はんべつ》できるための「識別《しきべつ》マーク」もより大きく表記されているよ。

⑤ 潜像模様《せんぞうもよう》

かたむけると額面《がくめん》数字がうかびあがる。
裏面《うらめん》は「NIPPON」の文字がうかびあがる。

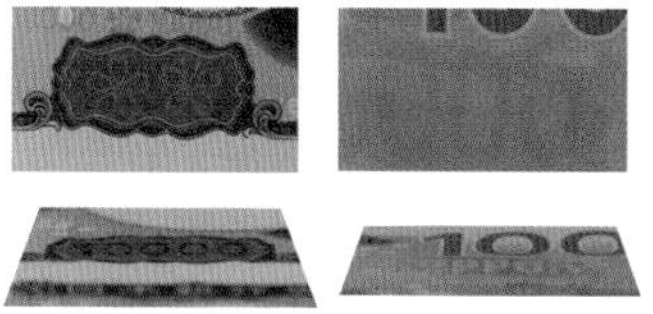

表面　　裏面《うらめん》

⑥ 特殊発光《とくしゅ》インキ

紫外線《しがいせん》をあてると、「日本銀行総裁《にっぽんぎんこうそうさい》」の
印章《いんしょう》や模様《もよう》の一部が光る。

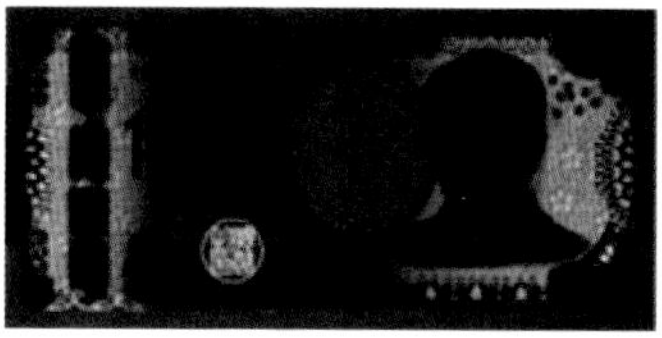

⑦ 高精細《こうせいさい》すき入れ（すかし）

肖像《しょうぞう》のすかしの背景《はいけい》に、
とても細かいすかしが入っている。

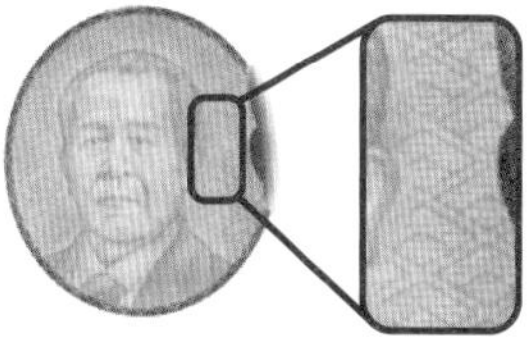

③ ホログラム

お札《さつ》として世界初《せかいはつ》の立体に見えて
回転する肖像画《しょうぞうが》。
見る角度によって肖像以外《いがい》の図柄《ずがら》も変化《へんか》する。

④ パールインキ

かたむけると
左右両はじに
ピンクの光沢《こうたく》が
見える。

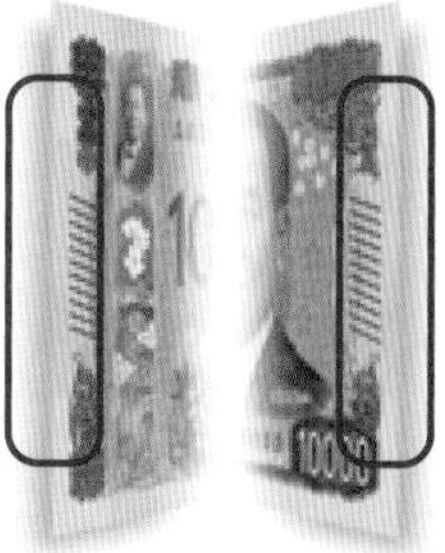

裏《うら》

マイクロ文字

コピー機《き》では再現《さいげん》できないほど
小さな「NIPPONGINKO」の文字。
虫眼鏡《むしめがね》などでしか見えない。

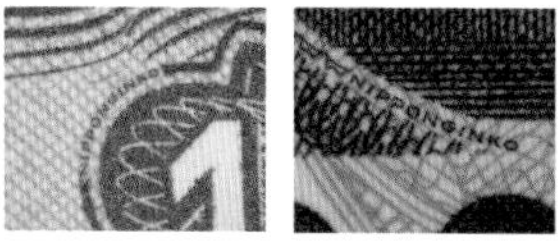

新5000円札《さつ》のひみつ！

額面数字《がくめんすうじ》

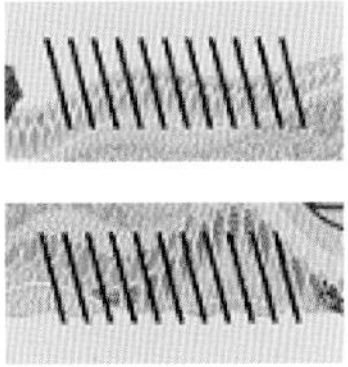

識別《しきべつ》マーク

❶深凹版印刷《しんおうはんいんさつ》

インキを高く盛《も》り上げて、さわるとざらざらする印刷《いんさつ》。額面《がくめん》や識別《しきべつ》マークで使用。

表

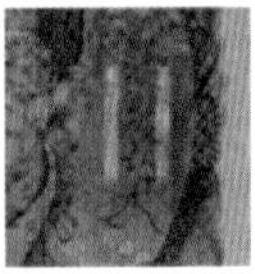

❷すき入れバーパターン

縦棒《たてぼう》のすかしが2本入っている。券種《けんしゅ》ごとに本数が違《ちが》う。

新5000円札《さつ》の表面の肖像画《しょうぞうが》は、津田梅子《つだうめこ》（1864〜1929年）だよ。

女性が大学などで高い教育を受けることがあたり前じゃなかった時代に、日本の女性《じょせい》教育を変《か》えようとしたんだ。「ヨーロッパやアメリカの学術誌《がくじゅつし》に論《ろん》文《ぶん》がのった最初《さいしょ》の日本人女性」なんだ。

津田梅子については21ページでくわしく紹介《しょうかい》しているよ。

裏面《うらめん》には、日本最古《さいこ》の書物といわれる『古事記《こじき》』や、日本最古の和歌集である『万葉集《まんようしゅう》』にも登場し、古くから親しまれている美しい花「藤《ふじ》」が描《えが》かれている。

新1万円札と同様に、日本の偽造《ぎぞう》（にせ札）防止技術《ぼうしぎじゅつ》がふんだんに使われ、「識別《しきべつ》マーク」などの新しい工夫《くふう》がたくさんあるんだ。

⑤潜像模様《せんぞうもよう》

かたむけると額面《がくめん》数字がうかびあがる。
裏面《うらめん》は「NIPPON」の文字がうかびあがる。

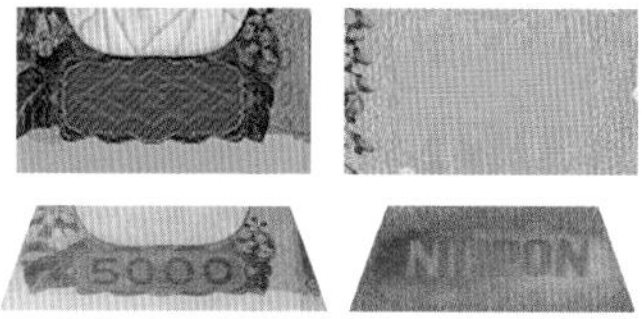

表面　裏面《うらめん》

⑥特殊《とくしゅ》発光インキ

紫外線《しがいせん》をあてると、「日本銀行総裁《にっぽんぎんこうそうさい》」の印章《いんしょう》や模様《もよう》の一部が光る。

⑦高精細《こうせいさい》すき入れ（すかし）

肖像《しょうぞう》のすかしの背景《はいけい》に、とても細かいすかしが入っている。

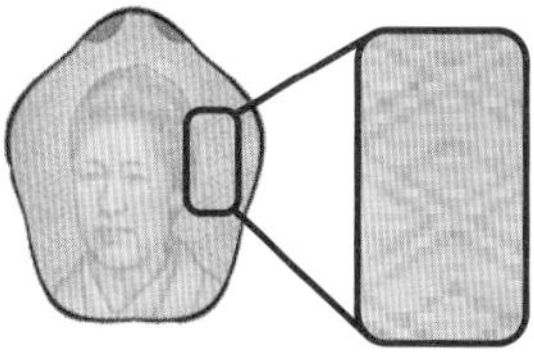

③ホログラム

お札《さつ》として世界初《せかいはつ》の立体に見えて回転する肖像画《しょうぞうが》。
見る角度によって肖像以外《いがい》の図柄《ずがら》も変化《へんか》する。

④パールインキ

かたむけると左右両はじにピンクの光沢《こうたく》が見える。

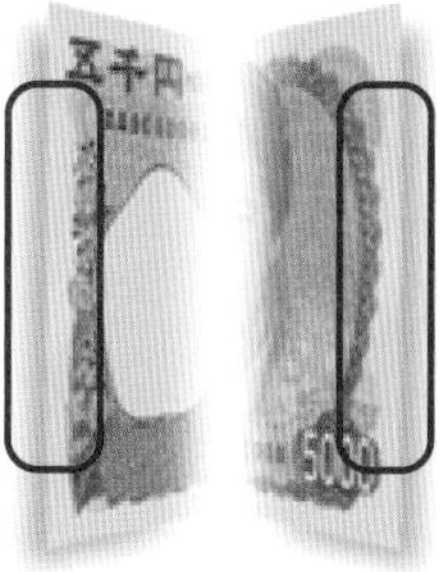

裏《うら》

マイクロ文字

コピー機《き》では再現《さいげん》できないほど小さな「NIPPONGINKO」の文字。
虫眼鏡《むしめがね》などでしか見えない。

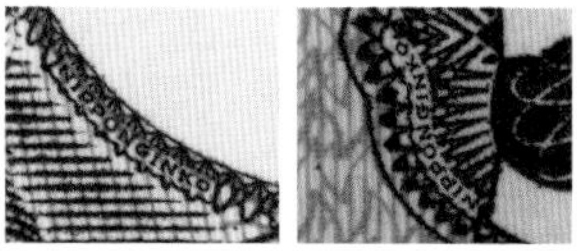

新1000円札《さつ》のひみつ！

額面《がくめん》数字

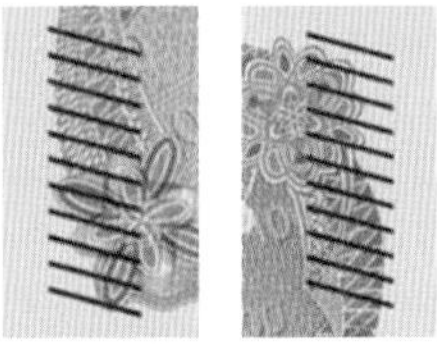

識別《しきべつ》マーク

❶深凹版印刷《しんおうはんいんさつ》

インキを高く盛《も》り上げて、さわるとざらざらする印刷《いんさつ》。額面《がくめん》や識別《しきべつ》マークで使用。

表

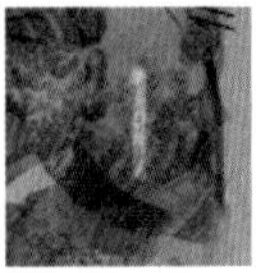

❷すき入れバーパターン

縦棒《たてぼう》のすかしが1本入っている。券種《けんしゅ》ごとに本数が違《ちが》う。

新1000円札《さつ》の表面の肖像画《しょうぞうが》は、微生物学者《びせいぶつがくしゃ》・教育者の北里柴三郎《きたさとしばさぶろう》（1853〜1931年）だよ。18歳《さい》から、現在の熊本《くまもと》大学医学部や東京《とうきょう》大学医学部で学び、当時の医学界の最《さい》先端《せんたん》、ドイツのベルリン大学に留学《りゅうがく》して、有名な医学者だったコッホのもとで学んだ人物なんだ。

北里柴三郎のエピソードは22ページでも紹介《しょうかい》しているよ。

裏面《うらめん》には、江戸時代《えどじだい》の浮世絵《うきよえ》（多色刷《ず》りの木版画《もくはんが》）で知られている葛飾北《かつしかほく》斎《さい》（1760〜1849年）の代表作で、世界の芸術家《げいじゅつか》に影響《えいきょう》をあたえたといわれる「冨嶽三十六景《ふがくさんじゅうろっけい》（神奈川沖浪《かながわおきなみ》裏《うら》）」が描《えが》かれているよ。

新1000円札も、新1万円札や新5000円札と同様に、すごい技術《ぎじゅつ》のかたまりなんだよ。

⑥潜像《せんぞう》模様《もよう》

かたむけると裏面《うらめん》に「NIPPON」の
文字がうかびあがる。

裏面《うらめん》

裏《うら》

③ホログラム

お札《さつ》として世界初《せかいはつ》の
立体に見えて
回転する肖像《しょうぞう》画《が》。

⑦高精細《こうせいさい》すき入れ（すかし）

肖像《しょうぞう》のすかしの背景《はいけい》に、
とても細かいすかしが入っている。

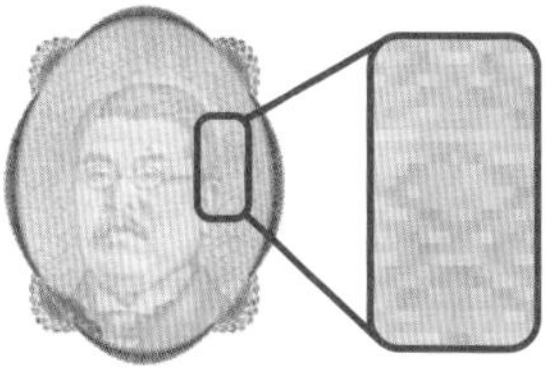

④パールインキ

かたむけると
左右両はじに
ピンクの光沢《こうたく》が
見える。

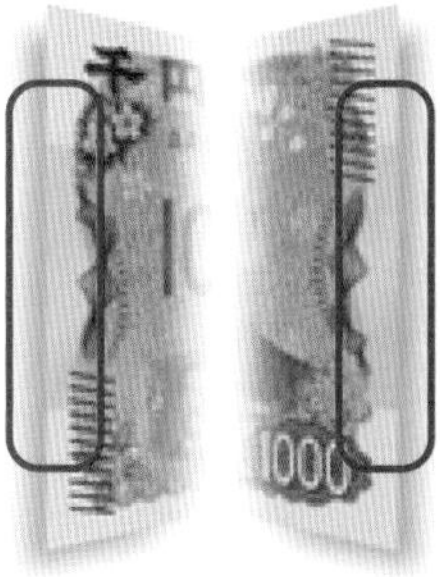

マイクロ文字

コピー機《き》では再現《さいげん》できないほど
小さな「NIPPONGINKO」の文字。
虫眼鏡《むしめがね》などでしか見えない。

⑤特殊《とくしゅ》発光インキ

紫《し》外線をあてると、「日本銀行総裁《そうさい》」の
印章《いんしょう》や模様《もよう》の一部が光る。

福沢諭吉《ふくざわゆきち》の1万円札《さつ》は新札発行後も使える！

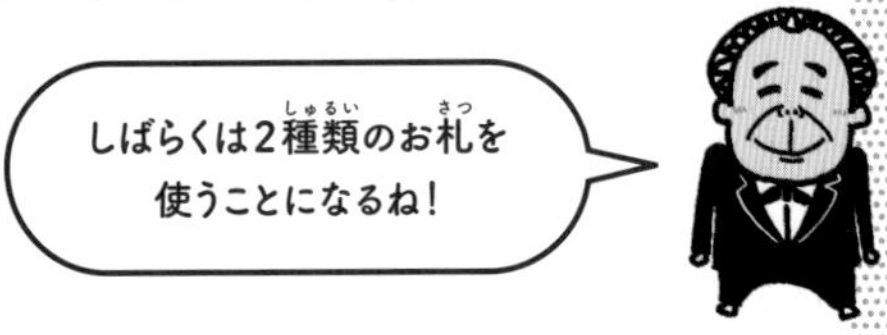
しばらくは2種類《しゅるい》のお札《さつ》を使うことになるね！

新《しん》札《さつ》になっても、これまで使ってきた福沢諭吉《ふくざわゆきち》の1万円札や樋口《ひぐち》一葉《いちよう》の5000円札、そして野口英世《のぐちひでよ》の1000円札は、今までと変《か》わらず使うことができるんだよ。

福沢諭吉（1835〜1901年）は現在《げんざい》の慶應義塾大学《けいおうぎじゅくだいがく》の創設者《そうせつしゃ》として知られる教育者で思想家《しそうか》だ。樋口一葉（1872〜1896年）は『たけくらべ』という小説《しょうせつ》で知られる女性《じょせい》小説家。野口英世（1876〜1928年）は「黄熱病《おうねつびょう》」という伝染病《でんせんびょう》研究で知られる細菌《さいきん》学者なんだ。

この3人が肖像《しょうぞう》として採用《さいよう》されたお札が発表になったとき、いちばん話題になったのは5000円札の樋口一葉なんだ。お札は日本銀行《にっぽんぎんこう》というところで発行され、「日本銀行券《にっぽんぎんこうけん》」が本当のよびかたなんだけど（くわしくは28ページ）、その日本銀行券に初《はじ》めて女性が肖像として採用されたからなんだ。

1万円札の福沢諭吉は、津田梅子《つだうめこ》よりも少し早い江戸《えど》時代《じだい》の終わりごろに、江戸幕府《えどばくふ》の使節《しせつ》としてアメリカ合衆国《がっしゅうこく》やヨーロッパにわたっているよ。

1000円札の野口英世は、新1000円札の北里柴三郎《きたさとしばさぶろう》と同じ細菌学者という共通点がおもしろいよね。

2000年に発行された2000円札は、今回は変更《へんこう》されていない。2000円札は表に肖像画ではなく、沖縄《おきなわ》県《けん》の世界遺産《せかいいさん》「首里城《しゅりじょう》」が描かれている。目の不自由《ふじゆう》な人や外国人がお札を見分けやすいように「識別《しきべつ》マーク」を初めて印刷で採用したお札なんだ。

2000円札は、なぜか沖縄県以外《いがい》ではあまり流通してない。だから、使ったことがない人もいるかもね。

1万円札《さつ》（2004年発行）

裏《うら》

世界遺産《いさん》の平等院鳳凰堂《びょうどういんほうおうどう》の鳳凰像《ぞう》

表

福沢諭吉《ふくざわゆきち》の肖像《しょうぞう》

5000円札《さつ》（2004年発行）

江戸《えど》時代の画家、尾形光琳《おがたこうりん》作
「燕子花図《かきつばたず》」（国宝）の一部

樋口一葉《ひぐちいちよう》の肖像《しょうぞう》

2000円札《さつ》（2000年発行）

『源氏物語絵巻《げんじものがたりえまき》』「鈴虫《すずむし》」と
『源氏物語』作者・紫式部《むらさきしきぶ》

世界遺産《いさん》の首里城《しゅりじょう》（沖縄県《おきなわけん》）の守礼門《しゅれいもん》

1000円札《さつ》（2004年発行）

世界遺産《いさん》の富士山《ふじさん》と桜《さくら》

野口英世《のぐちひでよ》の肖像《しょうぞう》

新1万円札《さつ》の渋沢栄一《しぶさわえいいち》は会社を500以上《いじょう》つくった！

500も会社をつくったら、覚《おぼ》えてない会社もありそう！
しょうゆ
水産
電気
くすり
ガス
カン、カン
銀行

渋《しぶ》沢栄一《さわえいいち》は1840年、現在《げんざい》の埼《さい》玉県《たまけん》に生まれた。はじめは江戸《えど》幕府《ばくふ》に反対していたけど、いつのまにか最後《さいご》の将軍《しょうぐん》・徳川慶喜《とくがわよしのぶ》の家臣《かしん》となり、慶喜の弟・昭武《あきたけ》のヨーロッパ視察《しさつ》のお供《とも》をしている。考えがやわらかい、先取りの心を持つ人物なんだ。

ヨーロッパで知った、新しい技術《ぎじゅつ》や産業《さんぎょう》、近代的《きんだいてき》な社会の仕組みが、渋沢栄一に大きな影響《えいきょう》を与《あた》えたんだ。

帰国した渋沢栄一は、商売や工場に関《かん》する法律《ほうりつ》をつくったり、生糸《きいと》を生産《せいさん》する工場の富岡製糸場《とみおかせいしじょう》や第一国立銀行《だいいちこくりつぎんこう》（現在のみずほ銀行）を設立したりと、新しい日本の国づくりにつくしたんだ。

渋沢栄一は、生涯《しょうがい》にわたって500以上の会社や銀行などをつくり、「日本近代社会の創造者《そうぞうしゃ》」「近代日本資本《しほん》主義《しゅぎ》の父」などとよばれているよ。

新5000円札《さつ》の津田梅子《つだうめこ》は6歳《さい》でアメリカに留学《りゅうがく》！帰国時には日本語を忘《わす》れてた！！

ワタシ ニホンゴ ハナセマセン…
えっ!?
日本語を忘《わす》れるほど
アメリカに
なじんでたんだねえ

津《つ》田梅子《だうめこ》は、1871（明治《めいじ》4）年、政府使節団《せいふしせつだん》とともに女子留学生《じょしりゅうがくせい》として、わずか6歳《さい》でアメリカにわたった。アメリカで教育を受けて、1882（明治15）年に17歳で帰国したけれど、アメリカ生活が長すぎて、日本語を忘《わす》れてしまっていたんだ。

一度は女学校の先生などになったけれど、再《ふたた》びアメリカにわたり大学で勉強をしたんだ。そして帰国して、36歳で現在《げんざい》の津田塾大学《つだじゅくだいがく》の前身、女子英学塾《じょしえいがくじゅく》を開校する。女性《じょせい》の地位向上《ちいこうじょう》を目指して、英語教育や、当時としては画期的《かっきてき》な個性《こせい》を尊重《そんちょう》する教育に努《つと》め、女性の高等教育の基礎《きそ》を築《きず》いたんだ。

新札《しんさつ》の津田梅子の肖像《しょうぞう》は、女子英学塾開校の36歳ごろの写真を参考《さんこう》に、少し年齢《ねんれい》を上にしたイメージで描《えが》かれているんだって。

新1000円札《さつ》の北里柴三郎《きたさとしばさぶろう》はたった2日でペスト菌《きん》を発見した！

ペスト菌《きん》みつけたー!!
チッ

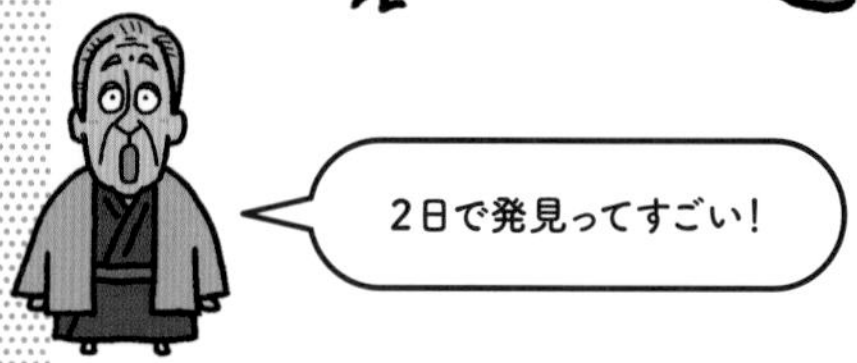
2日で発見ってすごい！

北《きた》里柴三郎《さとしばさぶろう》は1894（明治《めいじ》27）年、香港《ホンコン》にいた。そのころの香港はペストという、おそろしい感染症《かんせんしょう》が流行していて、多くの人たちが命を落としていたんだ。ペストにかかると皮膚《ひふ》が黒くなるので、「黒死病《こくしびょう》」ともよばれた。14世紀《せいき》のヨーロッパではなんと、人口の3分の1が命を落としたそうだよ。

細菌《さいきん》学者だった北里柴三郎は、ペストの予防《よぼう》と治療法《ちりょうほう》を見つけるために香港にやってきたんだ。そしてわずか2日で、ネズミがペスト菌を運んでくることを突《つ》きとめ、その予防法と治療法を開発したんだ。

北里柴三郎は、北里研究所を設立《せつりつ》して狂犬病《きょうけんびょう》やインフルエンザ、赤痢《せきり》などの予防や治療の研究を続け、「近代日本医学の父」といわれているんだ。

お札《さつ》は約《やく》20年ごとに新しいデザインになる！

よろしくー
福沢先輩《ふくざわせんぱい》のかわりにがんばりますよ！
2024
2004

お札《さつ》を新しいデザインに変《か》えて製《せい》造《ぞう》することを「改刷《かいさつ》」という。お札の印刷《いんさつ》を改《あらた》めるという意味だね。

日本では約《やく》20年に1回、改刷が行われているんだけど、理由はにせ札がつくられるのを防《ふせ》ぐためなんだって。20年の間には印刷や写真などの技術《ぎじゅつ》、パソコンなどの性能《せいのう》がどんどん進化し、にせ札がつくりやすくなるからなんだ。

現在《げんざい》でも日本のお札のにせ札がつくられることはあまりないけれど、未来《みらい》の技術の進歩を予測《よそく》して、将来《しょうらい》にせ札がつくられる可能性《かのうせい》をなくすために20年を節目《ふしめ》としているんだって。

改刷にはもうひとつの理由がある。目の不自由《ふじゆう》な人や外国人のために、手でさわってお札の種類《しゅるい》がわかるようにするなど、新しい工夫《くふう》を加《くわ》えるためでもあるんだ。

現在《げんざい》つくられている硬貨《こうか》は全部で6種類《しゅるい》！

表　裏《うら》

1円玉
1円アルミニウム貨幣《かへい》
（発行1955年～）
直径《ちょっけい》2センチ
重さ1グラム

表に、一般公募《いっぱんこうぼ》で選《えら》ばれた
「若木《わかぎ》」が描《えが》かれている。

5円玉
5円黄銅貨幣《おうどうかへい》
（発行1959年～）
直径《ちょっけい》2.2センチ
重さ3.75グラム

表は、稲穂《いなほ》＝農業、歯車＝工業、
水＝水産業《すいさんぎょう》を表したデザイン。

現《げん》在《ざい》製《せい》造《ぞう》されて流通しているふつうの硬《こう》貨《か》は、1円、5円、10円、50円、100円、500円の6種《しゅ》類《るい》。

そのなかでいちばん昔からつくられている硬貨は1円玉。1955年から製造が始まり、2023年までに約《やく》443億《おく》枚《まい》が発行されている。

1円玉がたくさんつくられるようになったのは1989年に「消《しょう》費《ひ》税《ぜい》」が始まってから。そのときの消費税率《りつ》は3パーセントだったけど、消費税が始まる前は100円だった品物が、税《ぜい》込《こ》みで103円になったように、買い物で1円玉が大《たい》量《りょう》に必《ひつ》要《よう》とされるようになったんだ。

硬貨は「補《ほ》助《じょ》貨《か》幣《へい》」ともよばれ、お札《さつ》を補助するお金なんだ。お札の額《がく》面《めん》以《い》下《か》の金額の買い物や、お釣《つ》りとして使われるためのものなんだね。

表　裏《うら》

10円玉

10円青銅貨幣《せいどうかへい》
（発行1959年～）
直径《ちょっけい》2.35センチ
重さ4.5グラム

表に、世界遺産《いさん》に登録《とうろく》されている
平等院鳳凰堂《びょうどういんほうおうどう》が描《えが》かれている。

50円玉

50円白銅貨幣《はくどうかへい》
（発行1967年～）
直径《ちょっけい》2.1センチ
重さ4グラム

表の穴《あな》の左右に、
菊《きく》が描《えが》かれている。

100円玉

100円白銅貨幣《はくどうかへい》
（発行1967年～）
直径《ちょっけい》2.26センチ
重さ4.8グラム

表に、桜《さくら》が描《えが》かれている。

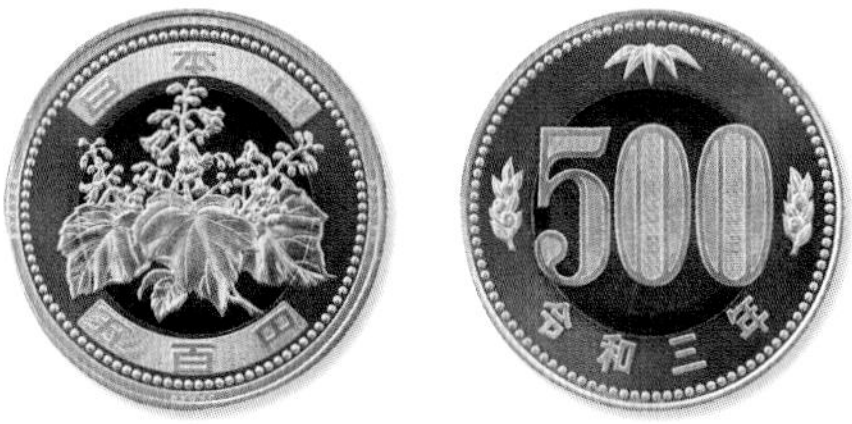

500円玉

500円バイカラー・
クラッド貨幣《かへい》
（発行2021年～）
直径《ちょっけい》2.65センチ
重さ7.1グラム

表に桐《きり》、裏《うら》の上に竹、
左右に橘《たちばな》が描《えが》かれている。

次のページでは新しくなっている
500円玉をくわしく解説《かいせつ》！

新500円硬貨《こうか》を紹介《しょうかい》！

比《くら》べてみよう！

新500円硬貨《こうか》　　旧《きゅう》500円硬貨《こうか》

表

裏《うら》

新500円硬貨		旧500円硬貨
3種類《しゅるい》（ニッケル黄銅《おうどう》、白銅、銅）	素材《そざい》	1種類（ニッケル黄銅）
7.1グラム	重さ	7グラム
2.65センチ	大きさ	2.65センチ
異形《いけい》ななめギザ	側面《そくめん》	ななめギザ

2024（令和《れいわ》6）年の1万円札《さつ》、5000円札、1000円札の改刷《かいさつ》よりも早く、2021（令和3）年に500円硬貨《こうか》が新しくなったよ。

　デザインや大きさに大きな変化《へんか》がないので気づきにくかったかもしれないけど、じつは、にせものをつくらせないすごい技術《ぎじゅつ》がもりこまれているんだ。

　500円玉は、世界各国《せかいかっこく》で使われている硬貨のなかでも、高額《こうがく》な硬貨なんだ。だから、新500円玉になるまで、にせ500円玉事件《じけん》がけっこうあった。同じ金属《きんぞく》でつくられている外国の硬貨を加工《かこう》して同じ重さにしたり、まったく同じ金属でそっくりにつくったりとか、いろいろな方法《ほうほう》があったんだ。

　だから、絶対《ぜったい》にせものがつくれない、つくられてもすぐに見やぶれるように工夫《くふう》されているんだよ。

さらなる偽造防止《ぎぞうぼうし》の技術《ぎじゅつ》

潜像《せんぞう》
角度によって「500YEN」か「JAPAN」の文字が見える。

バイカラー・クラッド
2種類《しゅるい》の金属板《きんぞくばん》をサンドイッチのように重ねる「クラッド技術」でつくった円板を、別《べつ》の種類の金属でできたリングのなかに「バイカラー技術」ではめこんでつくられている。

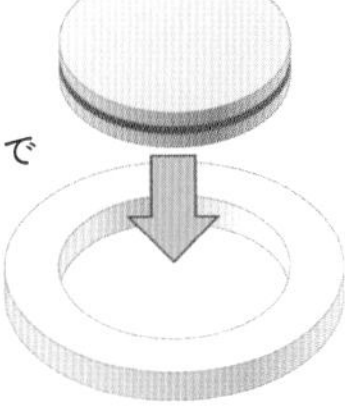

世界初《せかいはつ》!「異形《いけい》ななめギザ」
硬貨《こうか》の側面《そくめん》に入っているななめギザの一部（上下左右4か所）を、ほかのギザとちがう形にしたもの。

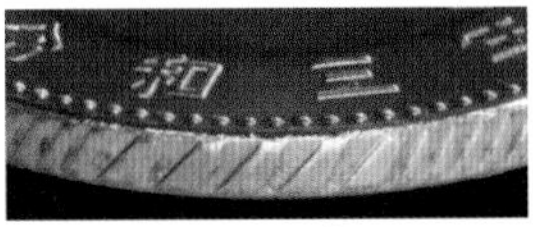

新500円硬貨《こうか》

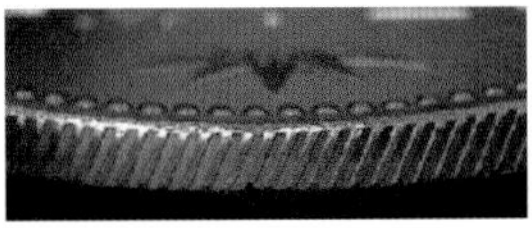

従来《じゅうらい》の500円硬貨《こうか》

微細点《びさいてん》
中央の桐《きり》の葉の上部にごく小さな点が刻《きざ》まれている。

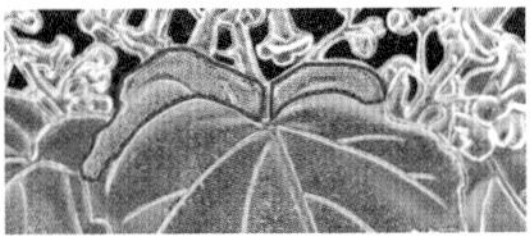

微細線《びさいせん》
表面の「日本国」と「五百円」のまわりを囲《かこ》む扇《おうぎ》の形は髪《かみ》の毛《け》より細い線で構成《こうせい》。

微細《びさい》文字（マイクロ文字）
表面のふちに「JAPAN」（上下2か所）、「500YEN」（左右2か所）の文字。

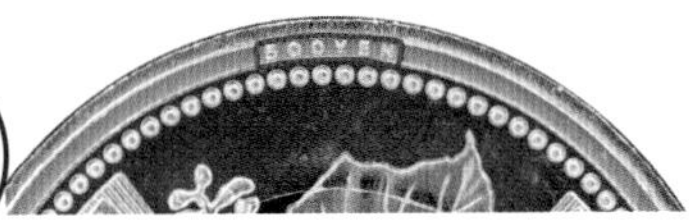

お札《さつ》の正式名称《めいしょう》は日本銀行券《にっぽんぎんこうけん》。日本銀行ってなんなの？

日本のお札《さつ》の正式名称《めいしょう》は「日本銀《にっぽんぎん》行券《こうけん》」なんだ。どのお札にも「日本銀行券」と印刷《いんさつ》されているよ。

この「日本銀行」は、日本でお金をはじめとする「金融《きんゆう》」の中心的役割《ちゅうしんてきやくわり》を果《は》たす「中央銀行《ちゅうおうぎんこう》」とよばれる組織《そしき》だ。

日本銀行は、国が運営《うんえい》する「国立銀《こくりつぎん》行《こう》」や「政府機関《せいふきかん》」ではないんだ。「日本銀行法《にっぽんぎんこうほう》」という法律《ほうりつ》にもとづいて設立《せつりつ》されている、政府《せいふ》から独立《どくりつ》した組織なんだよ。

政治《せいじ》とお金はとても関係が深いものだけど、そのときどきの政府が、お金に関する無理《むり》な命令《めいれい》を日本銀行にしないよう、「独立性《どくりつせい》」が大切にされている。だから政府とは別《べつ》の組織となっているんだ。

日本でお札（紙幣《しへい》）を発行できるのは日本銀行だけと法律で決められているんだ。ちなみに硬貨《こうか》（500円・100円・50円・10円・5円・1円）は政府が発行しているんだよ。

日本銀行は一般《いっぱん》の銀行とは違《ちが》って、個人《こじん》のお金を預《あず》かることはしないんだ。だけど、一般の銀行のお金を預かったり、銀行にお金を貸《か》したりする「銀行の銀行」の役割を果たしている。

また、日本政府にかわって国のお金を管理《かんり》したり、国の借金《しゃっきん》の証書《しょうしょ》である「国債《こくさい》」の発行事務《じむ》も行っている。

そのほか、金融機関の間の資金《しきん》のやりとりを、現金《げんきん》を輸送《ゆそう》するのではなく、「日銀《にちぎん》ネット」というシステムで清算《せいさん》することも行っている。

ちなみに、お札を発行するのは日本銀行なんだけど、どのくらいお札をつくるかは、「財務省《ざいむしょう》」という政府の役所が毎年決めているんだって。

私のお金
預《あず》かってー
No《ノー》!
チャリン
チャリン

「中央銀行」という考えを
理解《りかい》するのがむずかしいよね！

壱万円
日本銀行券
見本
10000
日本銀行
BANK OF JAPAN
AA000000AA
見本
10000

お札《さつ》には
「日本銀行券《にっぽんぎんこうけん》」と
印刷《いんさつ》されている

日本銀行本店《にっぽんぎんこうほんてん》
写真：貨幣博物館

お札《さつ》は東京《とうきょう》生まれ、硬貨《こうか》は大阪《おおさか》生まれ!?

てやんでぃ!! 江戸《えど》っ子《こ》は宵越《よいご》しの
ゼニは持たねぇよ! バーロー!!
なんでやねん!! 自分
ゼニちゃうんかぃ!!

日本では、明治時代《めいじじだい》の初《はじ》めごろから、お札《さつ》は東京都《とうきょうと》に本局がある国立印刷局《こくりついんさつきょく》で、硬貨《こうか》は大阪府《おおさかふ》に本局がある造幣局《ぞうへいきょく》というところでつくられているんだ。

国立印刷局は東京都、神奈川県《かながわけん》、静岡県《しずおかけん》、滋賀県《しがけん》、岡山県《おかやまけん》に工場があり、造幣局は大阪府、埼玉県《さいたまけん》、広島県《ひろしまけん》に工場がある。「お札が東京生まれ、硬貨は大阪生まれ」とはかぎらないけど、お札と硬貨でつくるところがちがうよ。

国立印刷局では、お札に使う用紙やインキの製造《せいぞう》から、デザイン、印刷《いんさつ》、刷《す》りあがったお札のカットなどの仕上げまで、すべてを一貫《いっかん》して行っている。

また国立印刷局では、郵便切手《ゆうびんきって》や印紙《いんし》（国に「印紙税《いんしぜい》」というものを払《はら》うときに使うもの）、パスポート、政府《せいふ》の刊行物《かんこうぶつ》などもつくっている。お札を

写真：植村 峻

東京《とうきょう》の国立印刷局《こくりついんさつきょく》

大阪《おおさか》の造幣局《ぞうへいきょく》

つくる高い印刷《いんさつ》技術《ぎじゅつ》で、にせものがつくられてはいけない公的《こうてき》なものをつくっているんだね。

いっぽう造幣局は、硬貨をつくるだけでなく、記念《きねん》硬貨《こうか》などを販売《はんばい》したり、古くなったりいたんだりした硬貨を熱してとかして、また硬貨にリサイクルしたりしている。

造幣局では硬貨のほかにも、勲章《くんしょう》やメダル、金属《きんぞく》工芸品《こうげいひん》なども製造している。そして、外国の硬貨やメダルもつくっているんだ（102ページ参照《さんしょう》）。

国立印刷局も造幣局も、工場見学ができる。ガラス越《ご》しにお札や硬貨がつくられるところを見学することができるんだよ。また、印刷局も造幣局も博《はく》物館《ぶっかん》が併設《へいせつ》されていて、お金のことがじっくり学べる施設《しせつ》にもなっているんだ（140～142ページ参照）。

お札《さつ》に肖像画《しょうぞうが》が使われるのはなぜ？だれが決めているの？

次のお札《さつ》は君だ!!
えー!!やったー♡

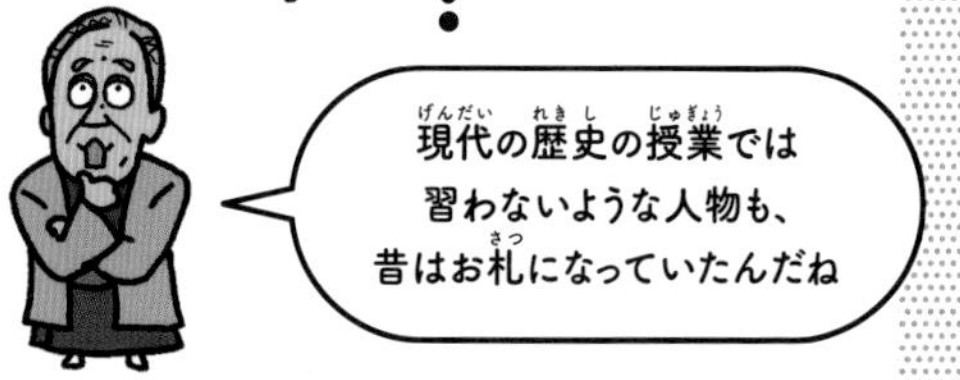

現代《げんだい》の歴史《れきし》の授業《じゅぎょう》では習わないような人物も、昔はお札《さつ》になっていたんだね

お札《さつ》にだれの肖像《しょうぞう》を使用するかを決定するのは、財務省《ざいむしょう》の長である「財務大臣《ざいむだいじん》」なんだよ。

財務省とお札の発行元の日本銀行《にっぽんぎんこう》、製造元《せいぞうもと》の国立印刷局《こくりついんさつきょく》の三者で、お札のデザインやサイズなどを協議《きょうぎ》し、財務大臣が定めている。そして、その内容《ないよう》を「官報《かんぽう》」という政府《せいふ》が日曜以外《いがい》の毎日発行している新聞のようなもので国《こく》民《みん》に知らせるんだ。

日本のお札に肖像が初《はじ》めて使われたのは、1881（明治14）年発行の神《じん》功皇后《ぐうこうごう》の肖像が入った1円札（60ページ参照）。それから現在《げんざい》まで、多くの人の肖像がお札に使われているよ。

お札に肖像を入れる理由としては、有名で見慣《みな》れた人の肖像は少し違《ちが》っただけでおかしいなと気づき、その違和《いわ》感《かん》でお札がにせものとわかるから、と

日本のお札《さつ》に使われた歴代《れきだい》の肖像《しょうぞう》画《が》

神功皇后《じんぐうこうごう》
菅原道真《すがわらのみちざね》
武内宿禰《たけのうちのすくね》
和気清麻呂《わけのきよまろ》
藤原鎌足《ふじわらのかまたり》
日本武尊《やまとたけるのみこと》
二宮尊徳《にのみやそんとく》
板垣退助《いたがきたいすけ》
高橋是清《たかはしこれきよ》
聖徳太子《しょうとくたいし》
伊藤博文《いとうひろぶみ》
岩倉具視《いわくらともみ》
新渡戸稲造《にとべいなぞう》
夏目漱石《なつめそうせき》
福沢諭吉《ふくざわゆきち》
樋口一葉《ひぐちいちよう》
野口英世《のぐちひでよ》
渋沢栄一《しぶさわえいいち》
津田梅子《つだうめこ》
北里柴三郎《きたさとしばさぶろう》

200
見本
200

国王の肖像《しょうぞう》が入ったモロッコの200ディルハム札《さつ》

もいわれてるよ。

これまでに日本のお札に登場した人は17人。新札に採用《さいよう》される渋沢栄一《しぶさわえいいち》と北里柴三郎《きたさとしばさぶろう》、津田梅子《つだうめこ》を加《くわ》えると20人になるんだ。複数回《ふくすうかい》お札に採用された人物もいるよ。

お札の肖像を新しくすることは、時代時代に合った人物を登場させて新鮮《しんせん》さを出すことや、お札に描《えが》かれた人物の業績《ぎょうせき》をよく知ってもらい、お札を通して人びとが生き方の指針《ししん》にしてもらうことも考えられているそうだよ。

イギリスやタイ、モロッコなどでは、女王や国王がお札の肖像になることが多いんだ。お札の肖像にすることで、女王や国王への尊敬《そんけい》の念《ねん》を高めるねらいがあるんだって。

ほかに、建国《けんこく》に貢献《こうけん》した人物をお札の肖像にしている国も多いよ。

お札《さつ》やコインのデザイナーってだれなの？

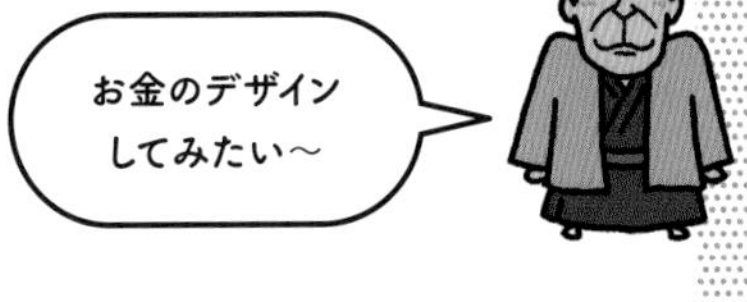
お金のデザインしてみたい～

お札《さつ》は、国立印刷局《こくりついんさつきょく》の工芸官《こうげいかん》という専門《せんもん》の職員《しょくいん》が、モデルになる肖像画《しょうぞうが》や写真、背景《はいけい》となる景色《けしき》などの写真資料《しりょう》を参考《さんこう》に、筆と絵の具や色鉛《いろえん》筆《ぴつ》を使って精密《せいみつ》な原図を描《えが》いてるんだ。

そして、原図をもとに、特別《とくべつ》な彫刻《ちょうこく》刀《とう》で金属《きんぞく》の板に点や線をひとつひとつ刻《きざ》んで原版《げんぱん》をつくる。それにコンピュータでデザインした背景の模様《もよう》などを合わせて、お札の原版が完成するんだ。とても繊細《せんさい》な作業なんだよ。

いっぽうの硬貨《こうか》も、造幣局《ぞうへいきょく》の専門の職員がデザインすることが多い。国民《こくみん》に親しまれるデザインであると同時に、材料《ざいりょう》となる金属の性質《せいしつ》についても考えながらデザインしているんだって。

硬貨のデザインは、一般《いっぱん》から募集《ぼしゅう》されることもあるんだ。現行《げんこう》の１円玉のデザインは一般の人が考えたんだよ。

お札《さつ》の紙は日本伝統《でんとう》の和紙がもと

10000
10000
日本銀行券
壱万円
うんうん

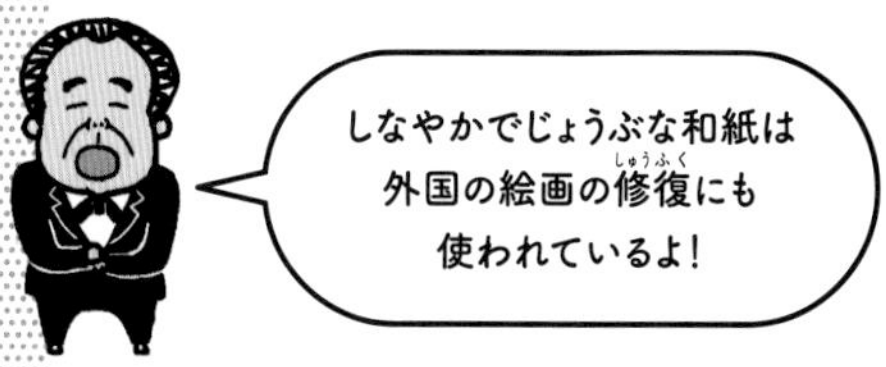
しなやかでじょうぶな和紙は外国の絵画の修復《しゅうふく》にも使われているよ！

ミツマタ
写真：貨幣博物館

日本のお札《さつ》は、一度洗濯機《せんたくき》に入れて洗《あら》ったくらいでは、破《やぶ》れたりボロボロになったりしないくらいじょうぶなんだ。コピー用紙や本などのふつうの紙だとそうはいかないよね。

ふつうの紙は、木をくだいた木材《もくざい》チップなどをとかした「パルプ」からつくられる。一方、お札の紙は、国産《こくさん》のミツマタという木をおもに使っている。

ミツマタは古くから和紙の原料《げんりょう》として使われている木で、やわらかく光沢《こうたく》がある繊維《せんい》がとれる。このミツマタからつくった和紙は、とてもじょうぶなんだ。1879（明治《めいじ》12）年にミツマタがお札用紙の原料として採用《さいよう》されてから、現在《げんざい》まで続《つづ》いているんだって。

最近《さいきん》は、アバカ（マニラ麻《あさ》）という軽くてじょうぶな繊維がとれる植物も、お札の原料の一部として使われている。

お札《さつ》に発行年が印刷《いんさつ》されていないのはなぜ？

写真：植村 峻

NIPPON GINKO
Promises to Pay the Bearer on Demand
Five Yen
IN GOLD.
明治三十三年製造

1899年製造《せいぞう》の5円札《さつ》の裏《うら》

NIPPON GINKO
明治四十一年製造
PROMISES TO PAY THE BEARER
ON DEMAND TEN YEN IN GOLD.

1908年製造《せいぞう》の10円札《さつ》の裏《うら》

警察《けいさつ》がお札《さつ》の製造年《せいぞうねん》を
日本銀行《にっぽんぎんこう》に問い合わせる
ことはあるそうだ。

硬《こう》貨《か》には製造《せいぞう》年が刻《きざ》まれているのに、現在《げんざい》の日本のお札《さつ》には製造年は印刷《いんさつ》されてないんだよ。どうしてなんだろう？

　金属製《きんぞくせい》で何十年も使える硬貨とちがい、紙でできたお札は多くの人の手にわたり、機械《きかい》を通ったりすることでいたみやすいんだ。だから、お札の寿命《じゅみょう》は数年と短いため、製造年を記す必要《ひつよう》がないんだって。

　お札には「記番号《きばんごう》」という通し番号が印刷されている。この記番号で日本銀行では製造年がわかるんだ。でも、一般《いっぱん》の人がお札の記番号から製造年を知ることはできないよ。

　じつは、お札（日本銀行券《にっぽんぎんこうけん》）も、過《か》去《こ》には製造年を表記した時代があったんだよ。上の写真はその例《れい》で、裏《うら》に製造年が印刷されているんだ。

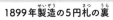

日本で1年間に発行されるお札《さつ》をすべて重ねると、富士山《ふじさん》より高くなる！

ドーッ
高っ!!

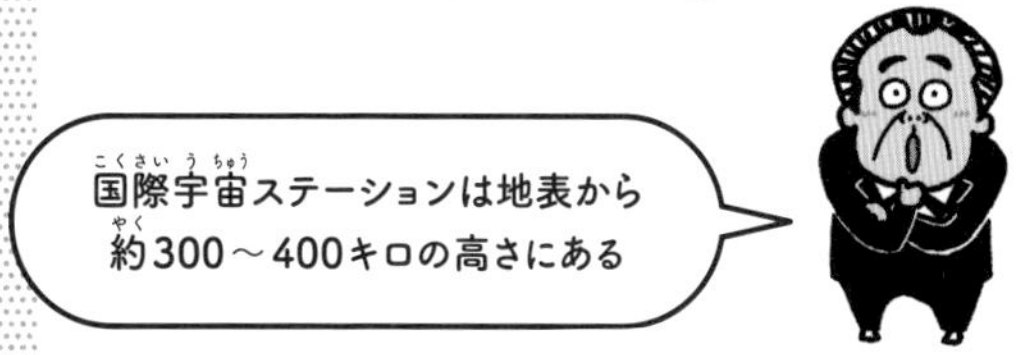

国際宇宙《こくさいうちゅう》ステーションは地表から
約《やく》300～400キロの高さにある

1年間に日本で発行されるお札《さつ》を全部積《つ》みあげたとしたら、その厚《あつ》さは富士山《ふじさん》より高いどころか、富士山の高さのなんと約《やく》80倍にもなるんだ。

2021（令和《れいわ》3）年に、お札をつくっている国立印刷局《こくりついんさつきょく》が日本銀行に納《おさ》めたお札は、約《やく》30億枚《おくまい》。お札の厚さは約0・1ミリなので、30億枚を積み重ねると約300キロとなり、富士山の高さ（3776メートル）の約80倍にもなる計算なんだよ。

ちなみに、2022（令和4）年の年末《ねんまつ》に、市中に出回っていた（家庭や会社、銀行などにあった）お札は、約185億6000万枚。もしも全部積み上げたとしたら、富士山の約492倍の高さになるんだって。

とてもたくさんのお金が、世の中で使われているんだね。

お札《さつ》や硬貨《こうか》が変《か》わると自動販売機《じどうはんばいき》で使《つか》えない!?

新しいお金に対応《たいおう》してないと
こまっちゃうよね〜

お札《さつ》や硬貨《こうか》が変《か》わると、それに対《たい》応《おう》した自動販売機《じどうはんばいき》の買い替《か》えや改修《かいしゅう》が必要《ひつよう》になるんだ。

その準備《じゅんび》のためには、とても時間がかかるといわれ、2004(平成《へいせい》16)年の新札《しんさつ》発行のときは、発表が発行の2年前で、自販機の対応が間に合わず、世の中が混乱《こんらん》したんだ。

そこで2024(令和《れいわ》6)年の新札発行では、5年も前の2019(平成31)年に発表されたんだよ。

新札発行には自販機ばかりではなく、ATM《エーティーエム》(現金自動預《げんきんじどうあず》け払《ばら》い機《き》)、券売《けんばい》機《き》、コンビニエンスストアやスーパーマーケットのレジなど、多くの機器の買い替えや、お札や硬貨を見わけるセンサーなどの改修が必要になる。買い替えや改修による経済効果《けいざいこうか》も、新札や新硬貨発行の大きな目的なんだよ。

お札《さつ》でつくった
トイレットペーパー!?
古くなったお金のゆくえ

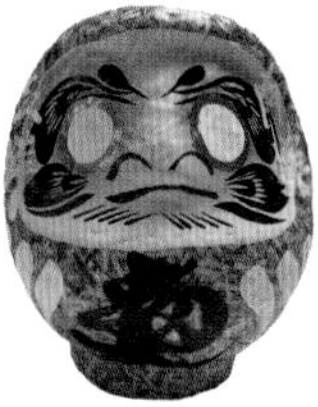

5000円札《さつ》や
1万円札の裁断片《さいだんへん》でできた
「だるまの貯金箱《ちょきんばこ》」
写真協力：
国峰べっこう屋商店

これが元1万円札《さつ》…
ハァ
ハァ
お札《さつ》でできてると気づかずに使っている再生紙《さいせいし》があるかも！

お札《さつ》の寿命《じゅみょう》は1万円札で4～5年、5000円札と1000円札で1～2年といわれている。小額《しょうがく》のお札のほうがたくさん使われて多くの人の手にわたるので、寿命が短いんだ。金属製《きんぞくせい》の硬貨《こうか》は、約《やく》40年で変形《へんけい》・変色したりすり減《へ》るといわれている。

みんなに使われて日本銀行《にっぽんぎんこう》にもどってきたお札や硬貨は、まだ使えるかどうかをチェックされる。まだ使えるお金は、また世の中にもどっていく。

日本銀行で使えないと判断《はんだん》されたお札は自動的《じどうてき》に細かく裁断《さいだん》される。その後、焼却《しょうきゃく》されたり、トイレットペーパーや段《だん》ボールなどにリサイクルされる。貯金箱《ちょきんばこ》に生まれ変《か》わることもあるんだ。

いたんで使えないコインは、製造元《せいぞうもと》の造幣局《ぞうへいきょく》にもどされ、とかされてもう一度硬貨の材料《ざいりょう》になるんだ。

お札《さつ》が破《やぶ》れたり燃《も》えたりしたらもう使えないの？

破《やぶ》れたり、汚《よご》れたり、あやまって洗濯機《せんたくき》で洗《あら》ってしまったりして、いたんで使いにくくなったお札《さつ》は、日《に》本銀行《ほんぎんこう》の本店か支店《してん》に持っていけば、きれいなお札に交換《こうかん》してもらえるんだ。

万が一、お札がちぎれて一部がなくなっていても、あきらめないでほしい。お札の3分の2以上《いじょう》が残《のこ》っていたら同じ額面《がくめん》の新しいお札に、5分の2以上だったら額面の半額のお金に交換してくれるんだって。でも残念《ざんねん》ながら、全体の5分の2に足りない場合は、交換してくれないよ。

バラバラになったり、燃《も》えて灰《はい》になってしまった場合でも、もともと1枚《まい》のお札であったことが確認《かくにん》ができて、必要《ひつよう》とされる面積《めんせき》が残《のこ》っていれば、交換してくれるんだ。もし、お札をシュレッダーにかけちゃったりしたら、自力でできるだけつなげてから、日本銀行に持ちこもう。バラバラのままだと、1枚のお札だったとみとめてもらえず、交換してくれないこともあるんだよ。

また、ぬれて使えなくなったお札はなるべく乾《かわ》かしてから持ちこもう。

何かの原因《げんいん》で曲がったりいたんだりした硬貨《こうか》も交換してくれる。

ほかにも、法律上《ほうりつじょう》はまだお金として使えるけど、お金であることを知っている人が少なくなって使いにくい昔のお札や硬貨も、現在《げんざい》発行されているお札や硬貨に交換してくれるんだよ。

でも、わざと硬貨を曲げたり、穴《あな》をあけたり、とかしたりすると、「貨幣《かへい》損傷等取締法《そんしょうとうとりしまりほう》」という法律に違反《いはん》することになる。1年以下《いか》の懲役《ちょうえき》（刑務所《けいむしょ》に入れられて労働《ろうどう》させられる刑罰《けいばつ》）または、20万円以下の罰金となるんだ。

お札《さつ》が燃《も》えたときは、
灰《はい》をできるだけくずさないようにして
日本銀行《にっぽんぎんこう》へ持ちこもう!

富士山《ふじさん》はお札《さつ》の大人気の図案《ずあん》！

日本を象徴《しょうちょう》する富士山《ふじさん》は、お札《さつ》の人気モチーフ。戦後《せんご》から2024年の新札まで、発行された日本のお札には、いずれかの額面《がくめん》のお札に、必《かなら》ず富士山が描《えが》かれているんだって。

なかでも、「富士山写真」というジャンルの先駆《さきが》けである写真家の岡田紅陽《おかだこうよう》（1895〜1972年）の写真が人気なんだ。1935（昭和《しょうわ》10）年に、山梨県《やまなしけん》の富士五湖《ふじごこ》のひとつ「本栖湖《もとすこ》」から富士山を紅陽が撮影《さつえい》した「湖畔《こはん》の春」という題名の写真は、なんと二度もお札の絵のもとになっているんだ。

2004（平成《へいせい》16）年に発行された現行《げんこう》の1000円札と、1984（昭和59）年に発行された5000円札の裏面《うらめん》の富士山が、その「湖畔の春」をもとにしているんだ。富士山と湖面に映《うつ》る「逆《さか》さ富士」がいっしょに描かれ

NIPPON GINKO
1000
YEN
見本
1000

岡田紅陽《おかだこうよう》の写真を
もとにした、
2004年発行
1000円札《さつ》の裏《うら》

NIPPON GINKO
5000
見本
5000 YEN

岡田紅陽《おかだこうよう》の写真を
もとにした、
1984年発行
5000円札《さつ》の裏《うら》

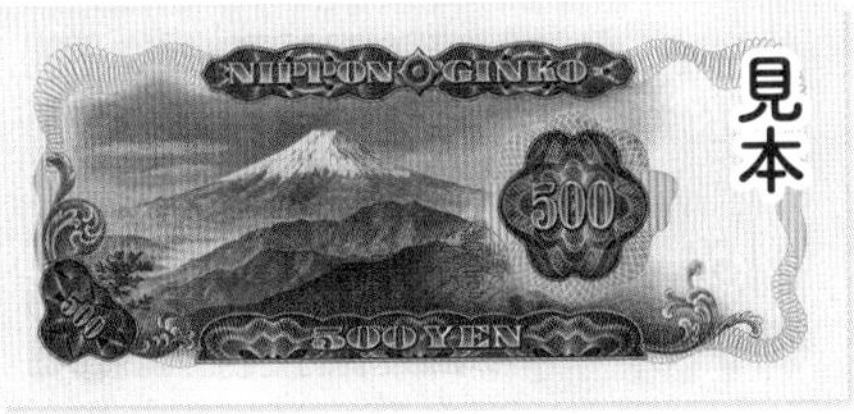
NIPPON GINKO
見本
500
500 YEN

名取久作《なとりきゅうさく》の写真を
もとにした、
1969年発行
500円札《さつ》の裏《うら》

何度もお札《さつ》になるなんて
人気カメラマンなんだね！

ているね。

富士山の写真撮影を一生の仕事にした岡田紅陽の写真は、お札だけでなく切手にも採用されているんだ。

このほかに、富士山が描かれたお札は、1873（明治6）年に発行された旧国立銀行《きゅうこくりつぎんこう》の5円札、1938（昭和13）年発行50銭《せん》札、1951（昭和26）年と1969（昭和44）年に発行された500円札がある。

ちなみに、1951（昭和26）年と1969（昭和44）年に発行された、500円札の裏面の富士山は、鉄道省《てつどうしょう》（現在《げんざい》のJR《ジェイアール》各社）に勤務《きんむ》していた写真愛好家《あいこうか》の名取久作《なとりきゅうさく》が撮影した写真をもとにデザインされているよ。

きみが撮影した富士山の写真が、お札に使われる日が、いつか来るかもしれないね。

穴《あな》あき硬貨《こうか》はレア？ 日本以外《いがい》には少ない！

世界最初《さいしょ》の穴《あな》あき硬貨《こうか》
（香港《ホンコン》 1863年発行）
写真：Heritage Auctions, HA.com

ヨーロッパ最初《さいしょ》の穴《あな》あき硬貨《こうか》
（ベルギー 1901年発行）

アフリカ最初《さいしょ》の穴《あな》あき硬貨《こうか》
（ベルギー領《りょう》コンゴ 1887年発行）
写真：Heritage Auctions, HA.com

近代日本最初《さいしょ》の穴《あな》あき硬貨《こうか》
（1917年発行）

1クローネ白銅貨《はくどうか》
（ノルウェー 1997～2016年発行）

1クローネ白銅貨《はくどうか》
（デンマーク 1992～2023年発行）

穴《あな》があいているのがめずらしいなんて、ふしぎだね～

日本では5円玉と50円玉には穴《あな》があいていて、ほかの硬貨《こうか》との区《く》別《べつ》もしやすい。ふだんから使っているので、硬貨に穴があいていることはあたりまえのことだと思うよね。

でも意外にも、穴のあいた硬貨を使っている国は少ないんだ。日本に来た外国人が、穴のあいた硬貨がめずらしいからと、おみやげに持ち帰っているなんて話もあるんだって。

日本以外で現在《げんざい》も穴あき硬貨がつくられているのは、デンマークぐらいしかないんだ。最近《さいきん》までは、フィリピン、パプアニューギニア、ノルウェーで穴あき硬貨をつくっていたけれど、今はもうつくっていないんだって。

硬貨に穴をあけるのは、硬貨の区別のためのほか、原料《げんりょう》の節約《せつやく》や、にせものづくりを防《ふせ》ぐためといわれている。

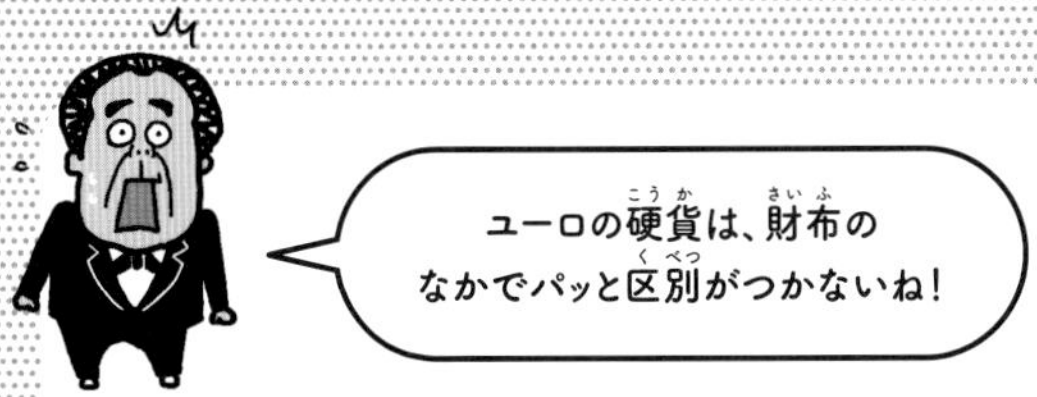

硬貨《こうか》が違《ちが》う金属《きんぞく》でつくられているのは区別《くべつ》しやすくするため！

2ユーロ　1ユーロ

ユーロの硬貨《こうか》。額面《がくめん》が違《ちが》うのに同じ材料《ざいりょう》でつくられているものがある。

50ユーロセント　20ユーロセント　10ユーロセント

5ユーロセント　2ユーロセント　1ユーロセント

日本で今使われている硬貨《こうか》は、世界で最《もっと》も区別がしやすい硬貨といわれているんだ。

1円玉と50円玉と100円玉が銀色、10円玉が茶色、5円玉は金色、以前《いぜん》の500円玉がうすい金色、新500円玉がうすい金色と銀色の2色だね。

銀色でも1円玉は小さくて軽く、50円玉や100円玉とはすぐ区別《くべつ》がつく。茶色い10円玉や、濃《こ》い金色で穴《あな》あきの5円玉も見分けやすい。50円玉と100円玉は同じ銀色だけど、穴のあるなしで区別がしやすいよね。

また、1円玉と5円玉と10円玉はギザなし、50円玉と100円玉はギザあり。500円玉はななめギザや、変化《へんか》するななめギザ（異形《いけい》ギザ）だね。これなら視覚《しかく》に障《しょう》がいのある人にも区別がしやすいよね。

1円玉をつくるには1枚《まい》1円以上《いじょう》かかる!

作れば作るほど赤字だよー!!
ジャラララララー…

金属《きんぞく》の値段《ねだん》は、近年ますます上がっているんだよ

1円硬貨《こうか》はアルミニウムを材料《ざいりょう》にしている。1円硬貨1枚《まい》は約《やく》1グラムで、2020年時点《じてん》で、材料費《ざいりょうひ》は1枚約0・29円といわれている。さらに、材料を1円硬貨に加工《かこう》するための費用《ひよう》が、1枚あたり約3円弱かかると推定《すいてい》されているんだ。

合計すると1円玉をつくるのには、1枚あたり約3・1円かかる計算になる。1円硬貨は、つくればつくるほど赤字になるってことなんだね!

同様に硬貨をつくるための費用は1枚あたり、5円玉は約10・1円、10円玉は約12・9円、50円玉は約12・1円、100円玉は約14・6円、500円玉は約19・9円と推定されているんだ。

1円硬貨だけでなく、5円硬貨、10円硬貨もじつは、つくればつくるほど赤字なんだ。大事に使おうね。

ふちがギザギザの10円玉は高く売れる？

お宝《たから》発見じゃー!!
ギザジュー
10円以上《いじょう》の価値《かち》がなくてもギザ十《じゅう》だとうれしいよね！

10円玉は1951（昭和26）年から製造《せいぞう》が始まり、最初《さいしょ》はふちにギザギザを刻《きざ》んでいたんだ。「ギザ十《じゅう》」なんて愛称《あいしょう》でよばれ、1958（昭和33）年までの7年間で約《やく》18億枚《おくまい》発行された。見たことある？

かつては、金貨《きんか》や銀貨のふちが削《けず》れないようにギザギザをつけたり、最高《さいこう》額面《がくめん》の硬貨《こうか》にギザギザをつけたりした。10円よりも額面の高い、50円玉が1955（昭和30）年に、100円玉が1957（昭和32）年に発行され、1959（昭和34）年にギザギザのない10円玉が発行されたんだ。それで、ギザギザがあるのとないのと2種類《しゅるい》の10円玉があるんだ。

ギザ十はたしかにめずらしいけど、まだ流通している硬貨なので、10円以《い》上《じょう》の価値《かち》はないと思ったほうがいいよ。

記《き》念《ねん》硬《こう》貨《か》って何？
買い物で使えるの？

1964年発行　東京《とうきょう》オリンピック
（1964年）記念硬貨《きねんこうか》

表　裏

100円硬貨《こうか》

1000円硬貨

記《き》念硬貨《ねんこうか》って知ってる？　国民《こくみん》みんながお祝《いわ》いするようなできごとを記念して、国が発行する硬貨のことなんだよ。

　天皇《てんのう》の即位《そくい》などの皇室《こうしつ》でのお祝いごとや、新幹線《しんかんせん》開業などの国家的《こっかてき》な事業、オリンピックや万国博覧会《ばんこくはくらんかい》などの国際《こくさい》的《てき》な行事などを記念して発行されているんだ。

　日本で最初《さいしょ》に発行された記念硬貨は、１９６４（昭和39）年に開催《かいさい》された、東京オリンピックの記念硬貨だよ。表に富士山《ふじさん》が描《えが》かれた１０００円硬貨と、聖火《せいか》を描いた１００円硬貨が発行されたんだ。どちらも銀貨だった。

　最近《さいきん》だと、２０２５（令和《れいわ》7）年に大阪《おおさか》で開催の日本国際博覧会記念の１０００円銀貨が、２０２３（令和5）年に発行されているよ。

スパーン
やべー!!
昭和《しょうわ》の東京《とうきょう》オリンピックコインだ!!
1964 TOKYO 1000 YEN
TOKYO 1964
記念硬貨《きねんこうか》にはプレミアがついてるものもあるね！

記念硬貨の額面《がくめん》や材料《ざいりょう》は、いろいろ。現在《げんざい》は、100円は銅《どう》を白銅《はくどう》でサンドイッチしたクラッド硬貨、500円はバイカラークラッド硬貨、1000円はカラー銀貨がふつうだ。金でできた記念金貨だと額面が1万円から10万円の高額のものまであるよ。

記念硬貨は、額面どおりの金額で、日常《にちじょう》の買い物で使うことができるんだよ。おつりで記念硬貨をもらうこともあるかもしれないね。

でも、自動販売機《じどうはんばいき》では、通常《つうじょう》の硬貨とは材料や大きさ、重さが違《ちが》うため、記念硬貨をお金として認識《にんしき》してくれなくて使えないことがあるので、気をつけよう。

国家的なできごとを記念したお金「記念貨幣《かへい》」は、世界中の国で発行されているよ。

カラフルだと
お金に見えないかも!?

カラフルなカラー記念《きねん》硬貨《こうか》もある！

2003年発行
第5回アジア冬季競技《とうききょうぎ》大会
1000円銀貨《ぎんか》

2014年発行
新幹線《しんかんせん》鉄道開業50周年《しゅうねん》
記念《きねん》1000円銀貨《ぎんか》

パラオ共和国《きょうわこく》
1992年発行
海洋環境保護《かんきょうほご》
5ドルカラー銀貨《ぎんか》

近年の記念硬貨《きねんこうか》には、カラフルな色がついているものも多いんだ。日本では2003（平成《へいせい》15）年に発行された「第5回アジア冬季競技《とうききょうぎ》大会」の記念コインが、初《はじ》めてのカラーコインなんだ。1000円銀貨で、裏《うら》面《めん》に開催地《かいさいち》・青森県《あおもりけん》を象徴《しょうちょう》するリンゴと大会のシンボルマークが、カラーで描《えが》かれているんだよ。

これ以降《いこう》の1000円記念銀貨は、みんなカラーコインで発行されているんだって。

カラーコインが世界で初めてつくられたのは、1992年の南太平洋《みなみたいへいよう》のパラオ共和国《きょうわこく》なんだ。

海洋環境保護《かんきょうほご》のために、1ドル白銅貨と5ドル銀貨が発行され、美しい珊《さん》瑚礁《ごしょう》の海を泳ぐ熱帯魚《ねったいぎょ》が、カラーで描かれたんだよ。

日本最高額面《さいこうがくめん》の硬貨《こうか》は10万円金貨《きんか》！

表　　裏

1986年発行
天皇陛下御在位《てんのうへいかございい》
60年記念《きねん》
10万円金貨《きんか》

1990年発行
天皇陛下御即位記念《てんのうへいかごそくいきねん》
10万円金貨《きんか》

金がキラキラでまーぶしい！

明《めい》治維新《じいしん》のあと、1870（明治《めいじ》3）年から今のような硬貨《こうか》がつくられるようになり、今までに日本で発行された硬貨《こうか》の最高額面《さいこうがくめん》は10万円だ。1986（昭和《しょうわ》61）年と1987（昭和62）年に発行された「天皇陛下《てんのうへいか》御在位《ございい》60年記念《きねん》」の10万円金貨と、1990（平成2）年に発行された「天《てん》皇陛下御即位記念《のうへいかごそくいきねん》」の10万円金貨が最高額面の硬貨なんだ。

　金貨での記念硬貨は、1986（昭和61）年に初《はじ》めて発行されて以来《いらい》、10万円、5万円、1万円、5000円の記念金貨が2022（令和《れいわ》4）年までに24種類《しゅるい》発行されているんだよ。

　金の価値《かち》がかなり上がっており、コレクションアイテムとしても人気なので、コインショップなどでは額面の何倍もの値段《ねだん》になっているそうだ。

3万8000円で買ったのに、1万円でしか使えない硬貨《こうか》!?

表　裏

1997年発行 長野《ながの》オリンピック冬季競技《とうききょうぎ》大会記念《きねん》
（第1次）1万円金貨《きんか》

東京《とうきょう》2020オリンピック・パラリンピックやラグビーワールドカップ2019日本大会の記念金貨《きねんきんか》もあるよ

1998（平成《へいせい》10）年の長野《ながの》オリンピック冬季競技《とうききょうぎ》大会を記念《きねん》した1万円金貨《きんか》は、1997（平成9）年から1998（平成10）年に、3種《しゅ》類《るい》発行された。この金貨をつくるために、1万円以上《いじょう》のお金がかかったので、額面《がくめん》は1万円なのに、なんと3万8000円（第1次）で販売《はんばい》されたんだ（第2次・第3次は3万8737円）。

でも、実際《じっさい》にこの金貨《きんか》を買い物で使っても、額面どおりの1万円分の買い物しかできないんだよ。

この金貨以降《いこう》、記念硬貨の発売価格《かかく》は、額面より高いものがほとんどなんだ。記念硬貨の材料《ざいりょう》になる金や銀の値《ね》段《だん》が高くなっているほか、偽造防止《ぎぞうぼうし》のための高度な技術《ぎじゅつ》がたくさん使われ、つくるのにとても手間をかけているからなんだって。もはや芸術品《げいじゅつひん》だね。

2章 昔の日本のお金のびっくり

Chapter 2

昔のお金は今でも使える!!

はい1円
何コレ!?
こわい!!
¥381

日本で1885（明治《めいじ》18）年から日本銀行《にっぽんぎんこう》が発行したお札《さつ》の一部には、今でも買い物で使うことができるものがあるんだ。

江戸《えど》時代《じだい》から明治時代《めいじじだい》になって、「国の法律《ほうりつ》で設立《せつりつ》された銀行」という意味の「国立銀行《こくりつぎんこう》」が、民間《みんかん》でたくさんつくられた。その国立銀行は、各《かく》銀行がお札を発行できたんだ。

また、1877（明治10）年に起きた日本国内の内戦《ないせん》である「西南戦争《せいなんせんそう》」という戦争では、政府《せいふ》に反乱《はんらん》を起こした西郷隆盛《さいごうたかもり》の軍隊《ぐんたい》と、明治政府のどちらもがお札を発行していた。

明治の初《はじ》めごろは、いろんなお札が日本中で使われていたんだね。でも、いろんな組織《そしき》がお札を発行していたから、みんなが混乱《こんらん》してしまったんだ。

そこで、1882（明治15）年に日

今も使える昔のお札①

1984年発行
1万円札《さつ》
（福沢諭吉《ふくざわゆきち》）

1984年発行
5000円札《さつ》
（新渡戸稲造《にとべいなぞう》）

1984年発行
1000円札《さつ》
（夏目漱石《なつめそうせき》）

次のページに今も使える
もっと昔のお金をずらっと紹介《しょうかい》！

本の「中央銀行」である日本銀行がつくられ、日本で唯一《ゆいいつ》の「発券銀行」としてお札を発行するようになったんだ。今のように、日本のどこでも同じお札を使うようになったんだね。

すでに発行停止《ていし》されたお札のうち、明治時代に発行された旧1円札ほか、18種類《しゅるい》のお札が現在《げんざい》でも使えるんだ。硬貨《こうか》も、1948（昭和23）年以降《いこう》に発行され、1953（昭和28）年に廃止《はいし》された50銭《せん》と1円の黄銅貨《おうどうか》以外《いがい》は、今とデザインが違《ちが》うものでも使えるよ。

でも昔のお金は、お札や硬貨に記された金額《きんがく》（額面）でしか使うことができない。たとえば、1885（明治18）年に発行された1円札は、当時は現在の1万円ぐらいの価値《かち》があったけど、あくまで1円は1円。1円の物しか買えないんだ。

今も使える昔のお札 ❷

1958年発行 1万円札《さつ》（聖徳太子《しょうとくたいし》）

1957年発行 5000円札《さつ》（聖徳太子《しょうとくたいし》）

1963年発行 1000円札《さつ》（伊藤博文《いとうひろぶみ》）

1950年発行 1000円札《さつ》（聖徳太子《しょうとくたいし》）

1969年発行 500円札《さつ》（岩倉具視《いわくらともみ》）

1951年発行 500円札《さつ》（岩倉具視《いわくらともみ》）

1953年発行 100円札《さつ》（板垣退助《いたがきたいすけ》）

1946年発行
100円札《さつ》
（聖徳太子《しょうとくたいし》）

今も使える昔の硬貨《こうか》

（現行《げんこう》の硬貨と類似《るいじ》デザインのものはのぞいています）

表　裏《うら》

2000年発行
500円ニッケル黄銅貨《おうどうか》（桐《きり》）

表　裏《うら》

1982年発行
500円白銅貨《はくどうか》（桐《きり》）

1959年発行 100円銀貨《ぎんか》（稲穂《いなほ》）

1957年発行 100円銀貨《ぎんか》（鳳凰《ほうおう》）

見本

1951年発行 50円札《さつ》（高橋是清《たかはしこれきよ》）

見本

1946年発行 10円札《さつ》（国会議事堂《こっかいぎじどう》）

見本

1946年発行 5円札《さつ》（彩紋模様《さいもんもよう》）

見本

1946年発行 1円札《さつ》（二宮尊徳《にのみやそんとく》）

見本

1943年発行 1円札《さつ》（武内宿禰《たけのうちのすくね》）
（記番号があるものとないものがある）

見本

1889年発行 1円札《さつ》（武内宿禰《たけのうちのすくね》）
（記番号が漢字のものと英数字のものがある）

見本

1885年発行 1円札《さつ》
（大黒天《だいこくてん》）

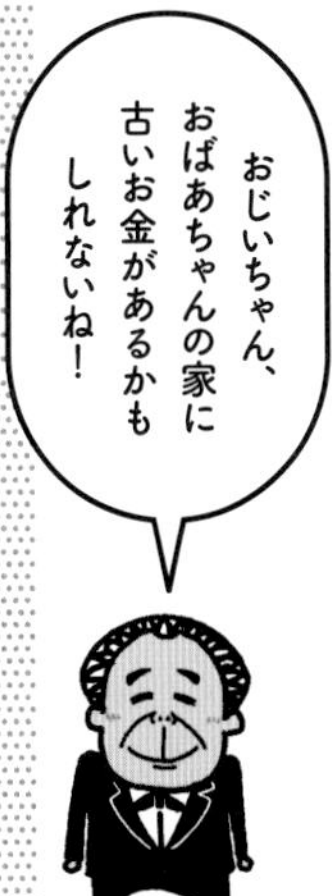
おじいちゃん、
おばあちゃんの家に
古いお金があるかも
しれないね！

表　裏《うら》

1959年発行
50円ニッケル貨《か》（菊《きく》・穴《あな》あり）

表　裏《うら》

1955年発行
50円ニッケル貨《か》（菊《きく》・穴《あな》なし）

1948年発行
5円黄銅貨《おうどうか》
（国会議事堂《ぎじどう》・穴《あな》なし）

近《きん》代《だい》的《てき》な最《さい》初《しょ》のお札《さつ》は縦《たて》長《なが》のドイツ製《せい》！

ドイツ生まれだけど
日本でお札《さつ》としてがんばりまーす!!

明《めい》治《じ》時代に明治政府《めいじせいふ》が最初《さいしょ》につくった「明治通宝《めいじつうほう》」とよばれた「新紙幣《しんしへい》」は、今のお札《さつ》とは違《ちが》って、縦長《たてなが》だった。これは江戸《えど》時代のお札である「山田羽書《やまだはがき》」や「藩札《はんさつ》」が縦長だったからなんだ。

山田羽書や藩札は、木で彫《ほ》った木版《もくはん》での印刷《いんさつ》か、筆での手書きだった。しかし、明治通宝は、デザインも紙づくりも印刷も、ドイツの力を借《か》りてつくられた。当時の日本には、まだ近代的《きんだいてき》な印刷の技術《ぎじゅつ》がなく、にせ札をふせぐのがむずかしかったからなんだ。

お札をドイツで印刷して日本に輸入《ゆにゅう》し、木版印刷で「明治通宝」という文字と、はんこで「大蔵卿《おおくらきょう》」と印《いん》を入れ発行したんだ。明治通宝は１８７２（明治５）年に発行され、「ゲルマン（ドイツのこと）紙幣《しへい》」ともよばれた。

表　裏《うら》

1872年発行
明治通宝《めいじつうほう》
（ゲルマン紙幣《しへい》）

写真：植村 峻

1873年発行
国立銀行紙幣《しへい》

表
裏《うら》

写真：貨幣博物館

昔は、お札《さつ》がつくれるかどうかで、
国の力がわかったんだ

10銭《せん》から100円までの9種類《しゅるい》のお札が発行されたけれど、デザインは全部同じで、大きさは2種類ずつ同じだった。すかしもなく、にせ札づくりや額面《がくめん》の書きかえがたくさん起きたんだ。

その後、1873（明治6）年には、民間《みんかん》の銀行により「国立銀行紙幣」というお札が発行された。このお札はアメリカでつくられ、今度はアメリカのドル札のように横長になった。当時のドル札とデザインや絵の構図《こうず》がとてもにていて、古代日本の伝説上《でんせつじょう》の人物や風景《ふうけい》などが描《えが》かれているけれど、なんだか西洋の絵のようだったんだよ。

ちなみに、現在《げんざい》のお札はすべて縦が7・6センチで、横は額面が大きくなるにつれて長くなっている。これは、自動販売機《じどうはんばいき》で額面を区別《くべつ》しやすくするための工夫《くふう》なんだって。

日本初《にほんはつ》のお札《さつ》の肖像画《しょうぞうが》は印刷局《いんさつきょく》の女性職員《じょせいしょくいん》がモデル!?

日本で最初《さいしょ》にお札《さつ》に肖像《しょうぞう》が採用《さいよう》されたのは、1881（明治《めいじ》14）年に明治政府《めいじせいふ》が発行した、1円札《さつ》なんだ。伝説上《でんせつじょう》の人物・神功皇后《じんぐうこうごう》が描《えが》かれている。

神功皇后は、日本初《にほんはつ》の正式な歴史書《れきししょ》である『日本書紀《にほんしょき》』や、神話と初代《しょだい》から第33代までの天皇《てんのう》の物語が記された『古事記《こじき》』に登場する。第14代仲哀《ちゅうあい》天皇の皇后で、第15代応神《おうじん》天皇の母となった女性だ。

『日本書紀』には、神功皇后は日本に「お金」というものを、朝鮮《ちょうせん》半島から初《はじ》めてもたらした人物と書かれているんだって。だから日本のお札で最初の肖像画に選《えら》ばれたんだね。

この1円札の原画を描いたのはイタリア人の画家で技術者《ぎじゅつしゃ》のキヨッソーネという人物だ。明治のはじめに日本の政府などにやとわれて、新しい技術や知識《ちしき》を教えにアメリカやヨーロッパから日本に来ていた「お雇《やと》い外国人」の一人なんだよ。

キヨッソーネは、お札の印刷《いんさつ》に使われた銅版《どうばん》の技術者で、かんたんにはにせものがつくれないような、精巧《せいこう》なお札や切手の印刷技術を、日本の印刷局の人に伝えたんだ。

神功皇后は、はるか昔の伝説の人物なので、当然《とうぜん》写真なんて残《のこ》っていない。そこでキヨッソーネは、印刷局の女性《じょせい》職員《しょくいん》をモデルにして、神功皇后を描いたんだって。

最初の1円札の肖像は、やや彫《ほ》りが深い顔つきで、ヨーロッパの絵画っぽいんだ。でも2年後の1883（明治16）年に発行されたお札の神功皇后は、日本人っぽい顔に修正《しゅうせい》されているよ。

明治《めいじ》時代はお札《さつ》づくりも
外国から学んでいたんだね！
シャカ
シャカ
イイヨ
イイヨ
目線《めせん》
クダサ〜イ
テレ…

写真：植村 峻

大日本帝國政府紙幣
壹圓

1881（明治《めいじ》14）年発行1円札《さつ》

1881年の肖像画《しょうぞうが》のアップ

大日本帝國政府紙幣
拾圓

1883（明治《めいじ》16）年発行10円札《さつ》

モデルといわれている女性《じょせい》

最《もっと》も多くお札《さつ》になった人物はだれ？

聖《しょう》徳太子《とくたいし》（574〜622年）が最《もっと》も多く、合計7回もお札に採《さい》用《よう》されているんだ。100円札《さつ》で4回、1000円札、5000円札、1万円札に描《えが》かれている。

聖徳太子は飛鳥時代《あすかじだい》の皇族《こうぞく》で、日本で初《はじ》めての憲法《けんぽう》「十七条《じょう》の憲法《けんぽう》」を定めたことなどで知られているよ。

聖徳太子が描かれた100円札が初めて登場した1930（昭和《しょうわ》5）年から、1984（昭和59）年に福沢諭吉《ふくざわゆきち》の1万円札になるまで、最高額面《さいこうがくめん》のお札の肖像《しょうぞう》はずっと聖徳太子だった。だから、昭和時代には、聖徳太子は高額のお札の代名詞《だいめいし》だったんだって。

1930年当時、大学を出たばかりの人の最初《さいしょ》の給料《きゅうりょう》が約《やく》50円というから、当時の100円札は今の1万円札よりもずいぶん価値《かち》が高いお札なんだ。

聖徳太子《しょうとくたいし》が描《えが》かれたお札《さつ》

1930（昭和5）年発行100円札《さつ》

1944（昭和19）年発行100円札《さつ》

1945（昭和20）年発行100円札《さつ》

1946（昭和21）年発行100円札《さつ》

1950（昭和25）年発行1000円札《さつ》

1957（昭和32）年発行5000円札《さつ》

1958（昭和33）年発行1万円札《さつ》

こんなに大きなお札《さつ》があった!?

1891年発行100円札《さつ》
（原寸大《げんすんだい》）
写真：貨幣博物館

1891（明治《めいじ》24）年に、発行された100円札《さつ》の大きさは、縦《たて》13センチ、横21センチもあるんだ。これは、今までに日本で発行されたお札のなかで、最大《さいだい》のお札なんだ。上の写真が実際《じっさい》の大きさだよ。

当時の100円は今の200万円に相当するほど高額《こうがく》だったので、こんな大きなお札にしたんだ。一般《いっぱん》の買い物には使われず、銀行と銀行との取り引きなどに使われたんだよ。

このお札の肖像《しょうぞう》は、中臣鎌足《なかとみのかまたり》（614〜669年）という飛鳥《あすか》時代《だい》の政治家《せいじか》だ。645年に、当時大

きな権力《けんりょく》を持っていた蘇我蝦夷《そがのえみし》・入鹿《いるか》の親子を、中大兄皇子《なかのおおえのおうじ》（のちの天智天皇《てんじてんのう》〈第38代〉）らといっしょにたおして、さまざまな改革《かいかく》を行った「大化《たいか》の改新《かいしん》」の中心人物だよ。

この鎌足がその功績《こうせき》で「藤原《ふじわら》」という姓《せい》をもらい、子孫《しそん》は「藤原《ふじわら》氏《し》」という貴族《きぞく》になったんだ。

この100円札は、お札の表に描《えが》かれた線が、めがねのフレームのように見えたので、「めがね札」とよばれたんだって。

日本最小《さいしょう》のお札《さつ》は戦後《せんご》の物資《ぶっし》不足《ぶそく》で生まれた！

ちっちゃ〜い
きゃんわぃー♥

1948年は笠置《かさぎ》シヅ子《こ》の歌う『東京《とうきょう》ブギウギ』がヒットした

日本最小《さいしょう》のお札《さつ》は、1948（昭和23）年に発行された「5銭《せん》札《さつ》」だ。「銭」は円の100分の1のお金の単位《たんい》なんだ。

この5銭札は、縦《たて》わずか4・8センチ、横9・4センチの大きさ（左上、原寸大《げんすんだい》写真参照《さんしょう》）。日本最大のお札（64ページ参照）の6分の1の大きさだよ。

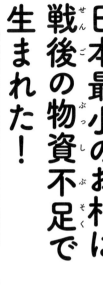

この日本最小のお札が発行された、1948（昭和23）年は、太平洋戦争《たいへいようせんそう》（1941〜1945年）が終わってからわずか3年後だったんだ。日本中でさまざまな物資《ぶっし》が不足《ふそく》していて、お札を刷《す》るための印刷機《いんさつき》や紙、インキも不足《ふそく》していたため、こんな小さなお札しかつくれなかったんだって。

印刷設備《せつび》がじゅうぶんではなかったため、このお札には、お札の組番号し

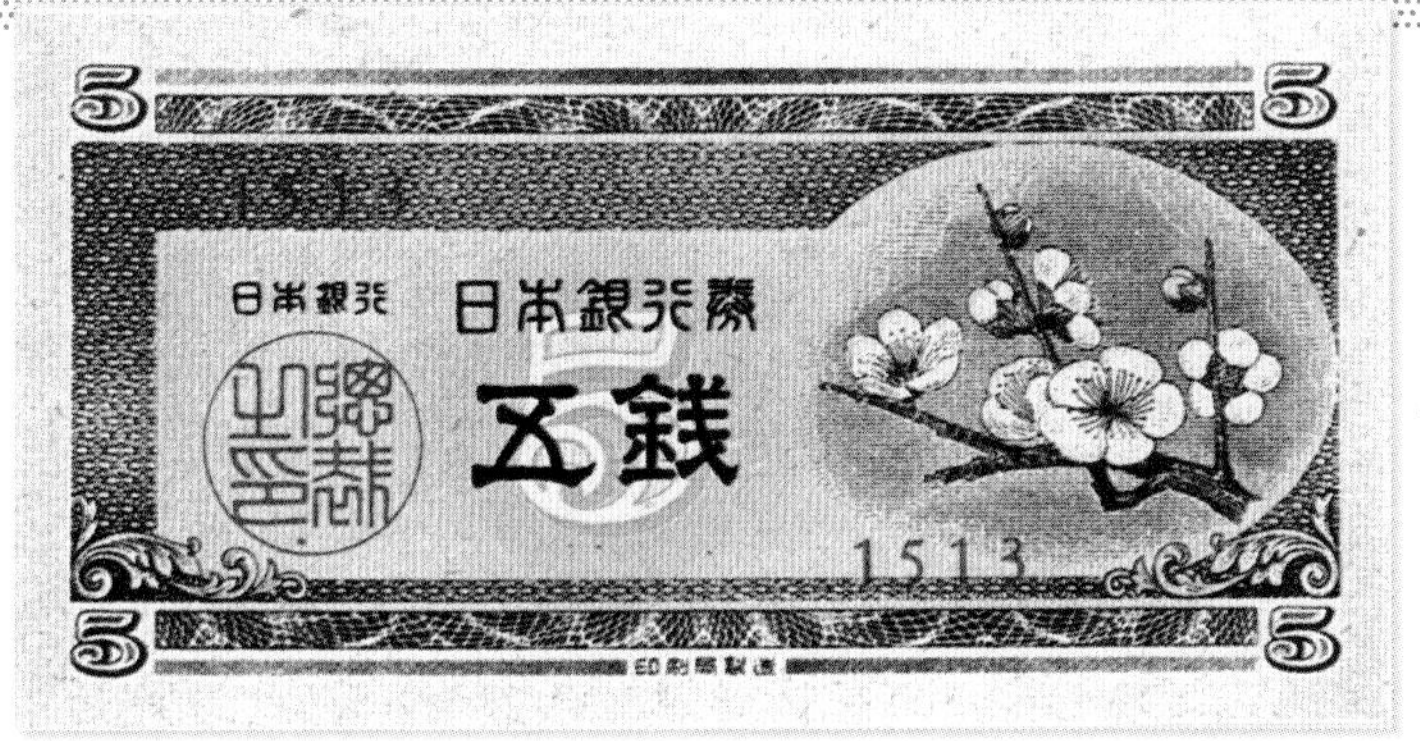

表

裏《うら》

1948年発行 5銭札《せんさつ》（原寸大《げんすんだい》）

写真：植村 峻

か入っていない。今のお札には必《かなら》ず入っている、1枚《まい》1枚番号が違《ちが》う「通し番号」を入れることもできなかったんだ。にせ札をふせぐための「すかし」も入っていない。

　このお札が発行される前にも、5銭札はつくられていた。でもそれは、もともと使われていた5銭硬貨《こうか》が、戦争による金属《きんぞく》不足でつくれなくなったためで、かわりにつくられたものだったんだ。戦後の一時期、新たに5銭硬貨がつくられたんだけど、原材料《げんざいりょう》の金属の価格《かかく》がとても高くなって材料不足となったので、再《ふたた》び5銭札をつくって5銭硬貨のかわりにすることになったんだって。

　5銭札は、今までに発行された日本のお札のなかで、大きさだけでなく、額面も最《もっと》も小さいお札なんだよ。

にせ札《さつ》をふせぐ！お札の「すかし」の技術《ぎじゅつ》

お札《さつ》には、にせ札をつくりにくくするため、「すかし」が入っている。お札を光にすかして見ると、何も印刷《いんさつ》していない部分に肖像画《しょうぞうが》が見えてくるよね。あれがすかしなんだ。

すかしは印刷ではなく、紙の厚《あつ》さを部分的《ぶぶんてき》に変《か》えることによりできる。紙が薄《うす》いところは白く（白すかし）、厚《あつ》いところは黒く（黒すかし）見えるんだ。すかしを入れることを「すき入れ」という。日本のお札は白すかしと黒すかしで濃淡《のうたん》をつくり、肖像を描《えが》く。

2024（令和《れいわ》6）年に登場する新札は、肖像の背景《はいけい》にまですかしが入っていたり、お札の種類《しゅるい》によって、すかしの入れ方が異《こと》なっているんだ。

すかしの技術《ぎじゅつ》は、中国では10世紀《せいき》、ヨーロッパでは12世紀、日本でも15世紀からあったといわれているよ。

すかしがお札に使われるようになったのは、世界では1666年にスウェーデンのストックホルム銀行が発行したお札が最初《さいしょ》といわれている。

日本では、阿波藩《あわはん》（徳島県にあった藩）が、1679年に発行した「藩《はん》札《さつ》」が、お札にすかしを入れた最初なんだって。

明治以降《めいじいこう》では、1882（明治15）年に、明治政府《せいふ》が発行した5円札に、トンボと桜《さくら》がすき入れられたのが、日本のお札としては最初のすかしなんだ。

その後、政府ではなく日本銀行《にっぽんぎんこう》がお札を発行するようになったんだけど、「日本銀行券《にっぽんぎんこうけん》」最初のすかしは、1885（明治18）年発行の10円札のすかしなんだ。分銅《ふんどう》や打ち出の小づち、巻《まき》物《もの》、「日本銀行券」の文字、桜などが白すかしで入っているよ。

1882年発行　5円札《さつ》のすかし

写真：貨幣博物館

1885年発行　10円札《さつ》のすかし

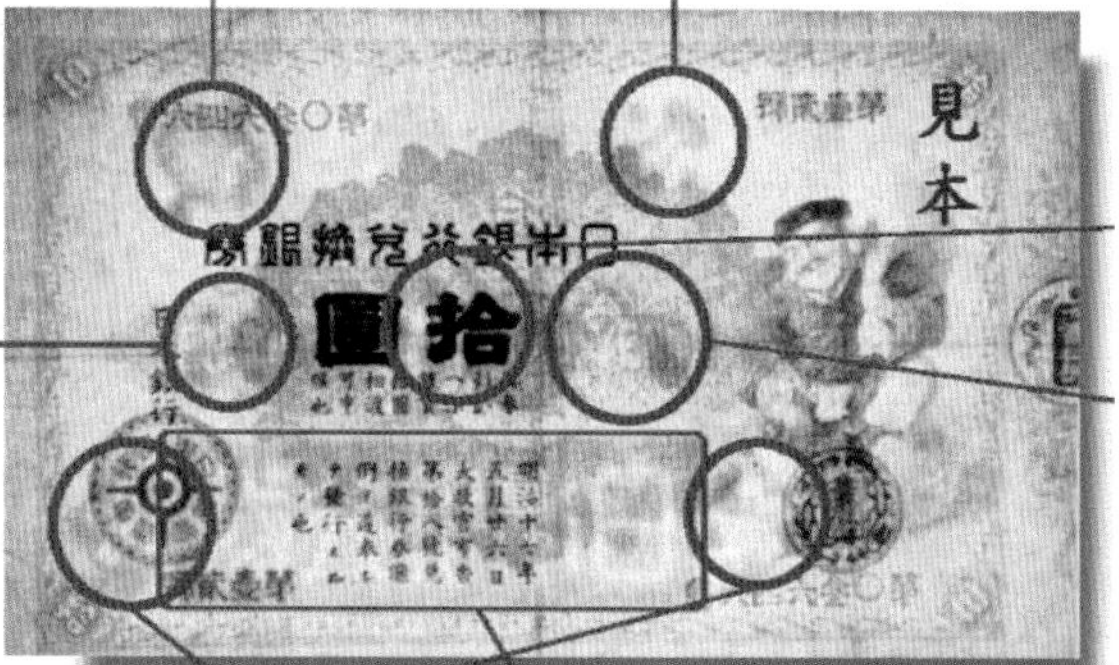

写真：貨幣博物館

現行《げんこう》1万円札《さつ》のすかし

福沢諭吉《ふくざわゆきち》の肖像《しょうぞう》

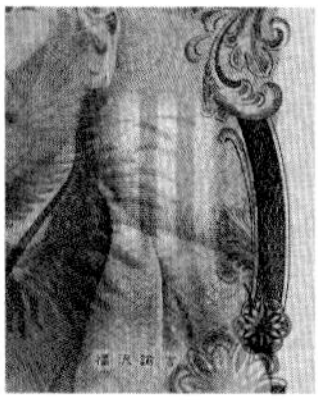

すき入れバーパターン
1万円札《さつ》は3本、
5000円札は2本
1000円札は1本の線が
すき入れられている

白すかしは、びんせんなどにも使われるけど、
黒すかしは、日本では政府《せいふ》や特別《とくべつ》に許可《きょか》された者
しかつくってはいけないんだ

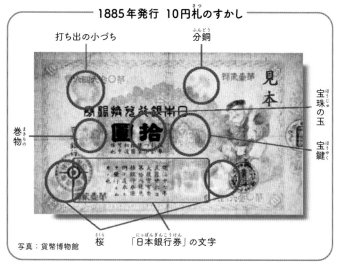

左側《ひだりがわ》に肖像画《しょうぞうが》が描《えが》かれたお札《さつ》は今までひとつだけ!?

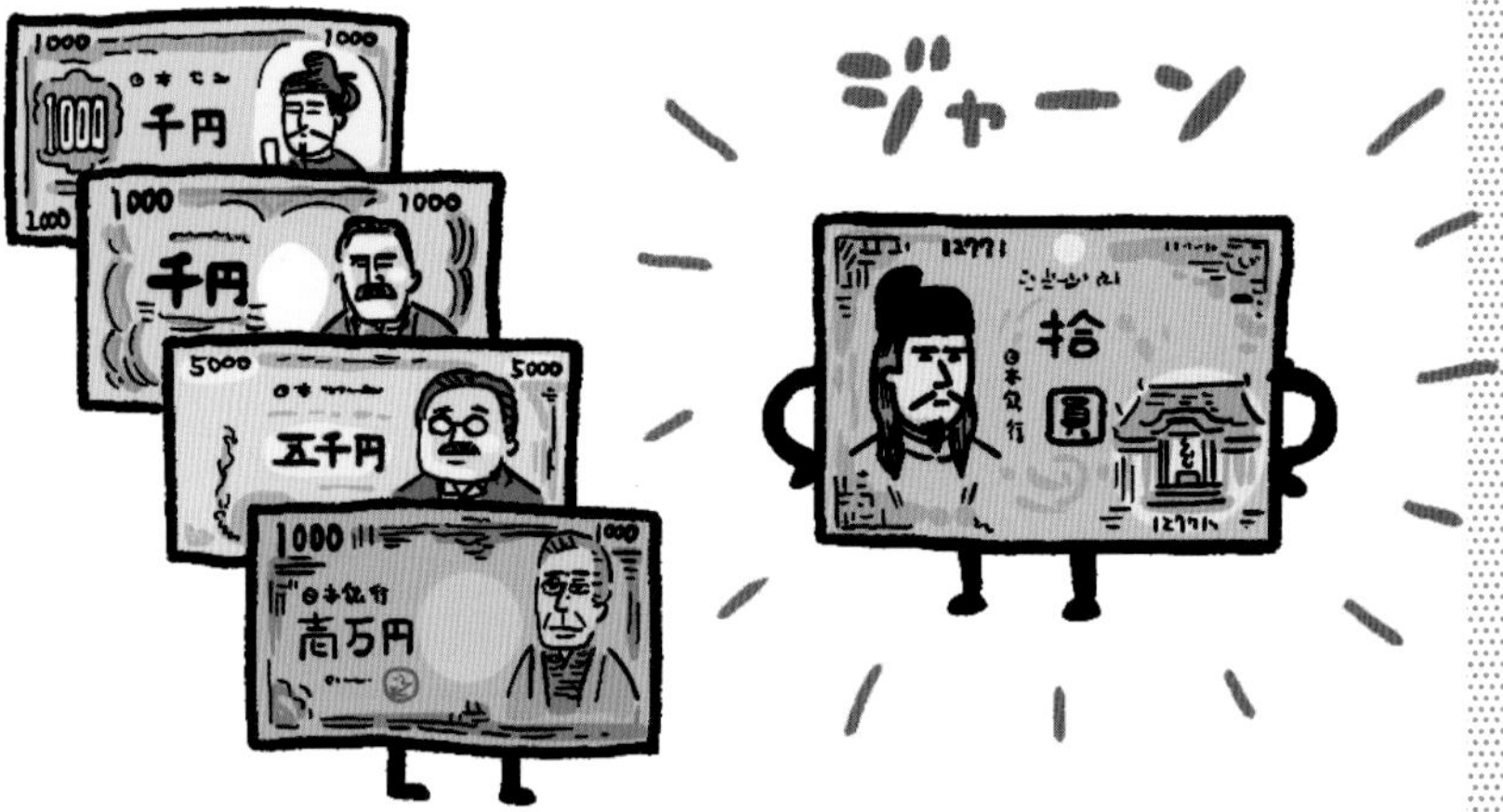

日本で発行されたお札《さつ》のほとんどは、右側《みぎがわ》に肖像画《しょうぞうが》が配置《はいち》されている。中央に配置したお札はいくつかあるけど、肖像が左側に配置されたお札はひとつだけなんだよ。

1915（大正4）年発行の10円札は、和気清麻呂《わけのきよまろ》（733〜799年）の肖像がお札の左に配置されているので、「左和気《ひだりわけ》」なんてよばれている。

右に肖像を配置するのは、図柄《ずがら》を右に描《え》くほうが描きやすいからなどといわれている。また、中央に配置される肖像が少ないのは、お札を二つに折《お》ったとき、肖像に折り目が入るのをいやがる人がいるからだともいわれている。

現在《げんざい》のお札は、機械《きかい》でお札を検知《けんち》しやすくするために、右に肖像画を入れていて、もとになった写真とは顔の向きを変《か》えていることもあるんだって。

127771
{261}
拾圓
日本銀行

1915年発行10円札《さつ》（左側《ひだりがわ》に肖像《しょうぞう》）　写真：植村 峻

10
拾圓
日本銀行

1945年発行10円札《さつ》（中央に肖像《しょうぞう》）　写真：植村 峻

同じ向きの顔の絵ばかり見ていると
ちがう向きに違和感《いわかん》を覚《おぼ》えるんだね

日本銀行券
LV900000N
五千円
見本
日本銀行
5000

1957年発行5千円札《さつ》（中央に肖像《しょうぞう》）

「幽霊札《ゆうれいさつ》」なんてあだ名のついたお札《さつ》があった！

1910（明治《めいじ》43）年に発行された5円札《さつ》は、「幽霊札《ゆうれいさつ》」なんてかわいそうなあだ名でよばれていた。

写真によるにせ札づくりが起きたため、それまでは黒のインクで印刷《いんさつ》されていた肖像《しょうぞう》を、当時は撮影《さつえい》しづらい緑色のインクで印刷したんだ。学問の神様としても知られる菅原道真《すがわらのみちざね》（845～903年）の肖像が描《えが》かれたんだけど、緑色のため顔色が悪く見えた。さらに、左側《ひだりがわ》に「すかし」として入っていた福の神の大黒天《だいこくてん》の絵も、なんだか不気味《ぶきみ》だったので、「幽霊札」とよばれたんだって。また、すかし部分には印刷を入れてなかったのが、印刷ミスだと思われて不評《ふひょう》だったんだって。

ほかにも、お札のあだ名にはいろいろなものがあるよ。

1888（明治21）年に発行された

1910年発行
5円札《さつ》
（幽霊札《ゆうれいさつ》）

大黒天《だいこくてん》のすかし

1888年発行
5円札《さつ》
（分銅《ふんどう》5円札）

1899年発行
10円札《さつ》 裏《うら》
（イノシシ札）

写真：植村 峻

5円札は、表に重さを量《はか》るための「分《ふん》銅《どう》」の形が大きく描かれ、地紋《じもん》にも小さな分銅が描かれているので「分銅5円」とよばれたんだ。

また、1899（明治32）年に発行された10円札は、裏《うら》に大きくイノシシが描かれていたので「イノシシ札」のあだ名でよばれたんだって。しかもこのお札の発行年は亥年《いのししどし》だったんだ。

イノシシ札の表には、天皇《てんのう》につくして、平安京《へいあんきょう》へ都を移《うつ》すときの都づくりにも活躍した、奈良《なら》時代末《まつ》ごろから平安時代初期《しょき》の貴族《きぞく》である和気清麻呂《わけのきよまろ》（733〜799年）の肖像が描かれている。清麻呂が悪人に命をねらわれたときに、300頭ものイノシシの大《たい》群《ぐん》があらわれて、清麻呂を守ったという伝説《でんせつ》があるので、この10円札の裏にはイノシシが描かれたそうだ。

ネズミや虫にかじられたコンニャク原料《げんりょう》のお札《さつ》

1885（明治《めいじ》18）年に、「日本《にっぽん》銀行券《ぎんこうけん》」として日本銀行から初《はじ》めて発行された1円札《さつ》、10円札、100円札の表には七福神《しちふくじん》の一人で商売や農業の神様「大黒天《だいこくてん》」が描《えが》かれていたので、「大黒札」とよばれた。また、1886（明治19）年発行の5円札は、裏《うら》に大黒天が描かれていたので、「裏《うら》大黒札《だいこくさつ》」とよばれたんだ。

これ以前《いぜん》のお札の紙は、あまりじょうぶなものではなく、すぐに破《やぶ》れてしまっていた。すぐ破れるようでは、たくさんの人の手にわたるお札としては使えない。

そこで、お札の紙を研究していた人が試行錯誤《しこうさくご》して、コンニャクの粉《こな》を混《ま》ぜて紙をつくったところ、じょうぶな紙ができたんだって。そこで、国民《こくみん》みんなに使ってもらえる新たなお札とし

見本
壹圓
表

見本
ONE YEN
裏

1885年発行1円札（大黒札）

コンニャクを使った大黒札《だいこくさつ》を煮《に》たら
おでんになったかもね〜

て大黒札を発行したんだ。

ところが、食用であるコンニャクを原料《げんりょう》にしたことがわざわいして、お札がねずみや虫に食べられてしまう被害《ひがい》がたくさん起きてしまったんだ。大事なお金が、食べられたり穴《あな》だらけになったりしたら、こまっちゃうよね。

また、この大黒札は、にせ札防止《ぼうし》のために青いインクで印刷《いんさつ》されていたんだけど、化学反応《はんのう》を起こしやすい原料（鉛白《えんぱく》）がふくまれていたため、温泉《おんせん》地《ち》などでは硫黄《いおう》の成分《せいぶん》に反応して、黒く変色《へんしょく》してしまったんだ。黒いお札なら印刷するのもかんたんなので、かえって、にせ札がつくりやすくなってしまったんだって。

このままではお札として使い続《つづ》けられないので、結局《けっきょく》、数年後にはまた、新しいお札が発行されたんだって。

印刷《いんさつ》し忘《わす》れた!? 裏《うら》が白いお札《さつ》があった!!

1927（昭和2）年に発行された200円札は、裏《うら》が真っ白だった。1923（大正《たいしょう》12）年の関東大《かんとうだい》震災《しんさい》で、日本の経済《けいざい》は混乱《こんらん》した。銀行がつぶれるのではないかと心配した人びとは、銀行に殺到《さっとう》して預金《よきん》を引き出そうとしたんだ。

そのため日本銀行の現金《げんきん》が足りなくなり、政府《せいふ》は全国の銀行の営業《えいぎょう》を2日間ほどやめさせて、お札を印刷《いんさつ》して供給《きょうきゅう》することにした。あまりに時間がなくて片面《かためん》だけ印刷したお札になった。

裏が白い200円札は全国の銀行に送られ、窓口《まどぐち》に積《つ》みあげられた。人びとは銀行にたくさんお金があると安心し、預金の引き出しさわぎは収《おさ》まった。

裏が白いお札だから「裏白券《うらじろけん》」とよばれたけど、にせ札がつくりやすかったので、すぐに回収《かいしゅう》されたんだ。

裏《うら》が白い
1927年発行
200円札《さつ》

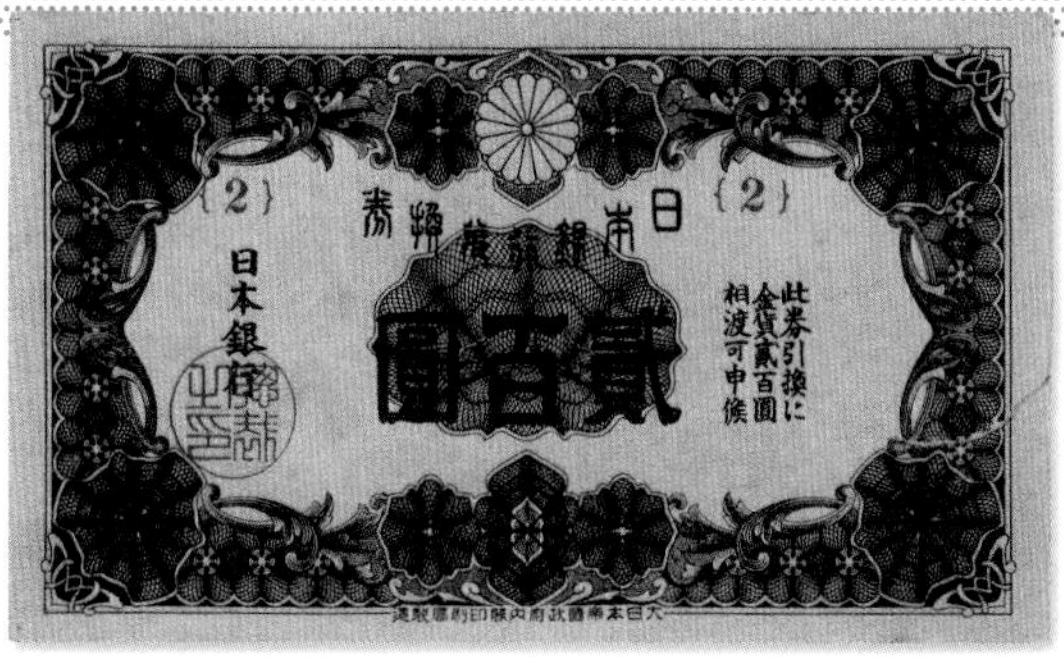
日本銀行兌換券
貳百圓
日本銀行
此券引換に金貨貳百圓相渡可申候

表

裏《うら》

未発行《みはっこう》となった
幻《まぼろし》の50円札《さつ》も
あった

記號
記號
日本銀行兌換券
五拾圓
日本銀行

表

裏

裏《うら》が白かったら、印刷《いんさつ》ミスかと思ってびっくりするよね！

写真：植村 峻

日本銀行《にっぽんぎんこう》は上から見ると「円」の形に設計《せっけい》された？

ズバーン!!
これだよ!!
円の形だよ!!
はっ!!
シュバッ
？

上空から見た
日本銀行本店《にっぽんぎんこうほんてん》
写真：ゲッティイメージズ

すごい
偶然《ぐうぜん》だね！

東《とう》京都中央区《きょうとちゅうおうく》にある日本銀行《にっぽんぎんこう》の本店は、上空から見ると建物《たてもの》が漢字の「円」の形のように見える。

日本銀行本店は、東京駅や富岡製糸《とみおかせいし》場《じょう》などを設計《せっけい》した辰野金吾《たつのきんご》（1854～1919年）が設計し、1896（明治《めいじ》29）年に完成《かんせい》している。

日本のお金の象徴《しょうちょう》として、「円」の字の形に設計したと思われがちだけど、そのころは旧字体《きゅうじたい》で「圓《えん》」と書いた。だから、日本銀行の形が「円」なのは、まったくの偶然《ぐうぜん》なんだ。

辰野金吾は、国会議事堂《こっかいぎじどう》の設計を競《きょう》争《そう》（コンペ）で行うよう主張《しゅちょう》した人物で、その国会議事堂は、戦後《せんご》発行の10円札に描《えが》かれた。また2024（令和《れいわ》6）年発行の新1万円札《さつ》の裏《うら》には、彼《かれ》が設計した東京駅が描かれている。

お札と縁《えん》（エン）がある人なんだね。

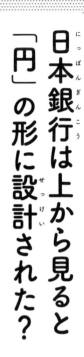

なぜ、日本のお金の単位《たんい》は「円」なの？

「コレ」でんがな
ムフフ
この「お金」ジェスチャーする人、実際《じっさい》には見たことないな～

明《めい》治《じ》時代《じだい》に新しいお金がつくられることになり、これまで使われていた「両《りょう》」や「分《ぶ》」、「朱《しゅ》」などのお金の単位《たんい》を、全国で通用する新しい単位に変更《へんこう》することになったんだ。

そのときの大蔵大臣《おおくらだいじん》（当時は大蔵卿《おおくらきょう》といった）の大隈重信《おおくましげのぶ》（１８３８～１９２２年）が、「お金を表現《ひょうげん》するときに親指と人《ひと》差《さ》し指を丸めるから『円』はどうか」と言ったなんて話がある。

でも実際《じっさい》には、江戸時代《えどじだい》の末《すえ》ごろから「両」を小判《こばん》の形から「円」とよぶ人たちがいたんだって。また、造幣局《ぞうへいきょく》がイギリス領《りょう》だった香港《ホンコン》の造幣局の硬《こう》貨製造機械《かせいぞうきかい》を買ったんだけど、香港１ドル銀貨《ぎんか》が額面《がくめん》を漢字で「壹圓《いちえん》（一円のこと）」と表記していたんだ。この両方の理由から、「圓《えん》（円）」に決まったという説《せつ》が有力だよ。

戦争《せんそう》の金属不足《きんぞくふそく》で陶器《とうき》の硬貨《こうか》がつくられた！

太《たい》平洋戦争《へいようせんそう》（1941年〜1945年）の終わりごろに、陶器《とうき》でできた硬貨《こうか》「陶貨《とうか》」がつくられたことがあるんだ。

戦争《せんそう》がはげしくなり、資源《しげん》のとぼしい日本では、飛行機《ひこうき》、軍艦《ぐんかん》などの兵器をつくるための資源が不足《ふそく》していた。硬貨の材料《ざいりょう》である銅《どう》やアルミニウムなども、武器の製造《せいぞう》に回されてしまい、金属《きんぞく》で硬貨をつくるのがむずかしくなってしまったんだ。

そこで考え出されたのが、陶器のお金「陶貨」なんだって。第一次世界大《だいいちじせかいたい》戦《せん》（1914〜1918年）後のドイツで1920〜1922年につくられたものをモデルとして、1944（昭和19）年ごろに計画されたそうだよ。

だけど、造幣局《ぞうへいきょく》は金属加工《かこう》が専門《せんもん》だったから、焼《や》きものの陶貨をつくるの

発行されなかった陶貨《とうか》

表　　裏《うら》

10銭陶貨《せんとうか》

5銭陶貨《せんとうか》

1銭陶貨《せんとうか》

写真：Ihimutefu

にはとても苦労したんだ。

そして日本有数の陶器の産地《さんち》として有名な、現在《げんざい》の京都府《きょうとふ》京都市《きょうとし》や愛知県《あいちけん》瀬戸市《せとし》、佐賀県《さがけん》有田市《ありたし》の陶器製造会社を選《えら》んで造幣局出張所《しゅっちょうじょ》にし、1945（昭和20）年から、陶器のお金の製造を始めたんだって。

この陶貨はデザインもシンプルで、大きさも1銭《せん》が1・5センチ、5銭が1・8センチ、10銭が2・2センチと、小さなものだった。合計17億枚《おくまい》を目標《もくひょう》に、製造が始められたんだ。

だけど、やっと約《やく》1500万枚の陶貨ができたころに、日本は戦争に負けて終戦になってしまったんだ。

結局《けっきょく》、陶貨はお金として実際《じっさい》に使われることはなく、くだかれて、捨《す》てられてしまったんだ。陶貨づくりに関係した人たちはつらかっただろうね。

発行されなかった幻《まぼろし》のデザインのお札《さつ》があった！

写真：植村 峻

発行されなかったお札《さつ》のデザイン

伐折羅大将像《ばざらたいしょうぞう》の1000円札《さつ》

弥勒菩薩像《みろくぼさつぞう》の500円札

戦後緊急《せんごきんきゅう》につくられたお札《さつ》で、
できが悪すぎて
発行されなかったものもあるよ

太《たい》平洋戦争《へいようせんそう》（1941年〜1945年）に敗《やぶ》れた日本は、ものの値段《ねだん》がひどく上がるインフレーション（インフレ）が進んでいた。そこで政《せい》府《ふ》は、お札《さつ》を新しくして、混乱《こんらん》をおさえようとしたんだ。

政府は日本を占領《せんりょう》していた連合国軍《れんごうこくぐん》総司令部《そうしれいぶ》（GHQ《ジーエイチキュー》）に、京都《きょうと》・広隆寺《こうりゅうじ》の弥勒菩薩像《みろくぼさつぞう》の500円札と、奈良《なら》・新薬師寺《しんやくしじ》の伐折羅《ばざら》大将《たいしょう》像の1000円札を提案《ていあん》。でも当時としては高額《こうがく》のお札だったので、インフレがかえって進むとGHQは発行を許可《きょか》しなかった。

その後、伐折羅《ばざら》大将像は10円札、弥《み》勒菩薩《ろくぼさつ》像は100円札で再提案《さいていあん》された。しかしGHQは、「二つの像は占領軍への日本国民《こくみん》の悲しみと怒《いか》りを表している」として、またも採用を許可しなかったんだって。

＼ひと休みコラム／

お札《さつ》に描《えが》かれた動物《どうぶつ》たち

日本のお札《さつ》には、動物も描《えが》かれている。
実在《じつざい》の動物のほかにも、想像上《そうぞうじょう》の動物の姿《すがた》も描かれているんだよ。

想像上《そうぞうじょう》の動物

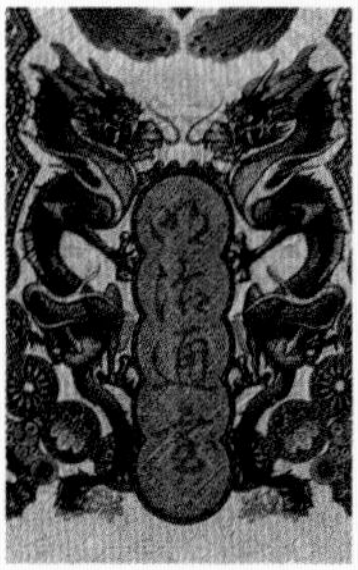

リュウ
（1872年発行　明治通宝《めいじつうほう》）

ホウオウ
（1872年発行　明治通宝《めいじつうほう》）

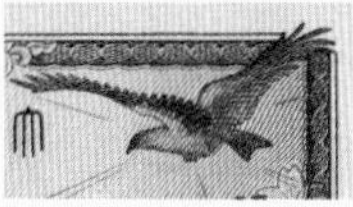

キンシ
（1942年発行　50銭札《せんさつ》）

ツル（1984年発行　1000円札《さつ》）

キジ（1984年発行　1万円札《さつ》）

ニワトリ
（1946年発行
1円札《さつ》）

ハト
（1947年発行
10銭札《せんさつ》）

ウマ
（1944年発行
5銭札《せんさつ》）

ライオン
（1957年発行
5000円札）

トンボなど
（1872年発行　明治通宝《めいじつうほう》）

トンボなどのほかにも
いろいろな生きものがいる。

タイ
（1877、1878年発行
1、5円札《さつ》）

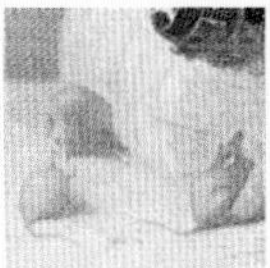

ネズミ
（1885年発行
1、5、10、100円札《さつ》）

イノシシ
（1899年発行
10円札《さつ》）

写真：植村 峻

日本で最初《さいしょ》につくられたお金って？

和同開珎《わどうかいちん》

写真：貨幣博物館

富本銭《ふほんせん》

写真：大庫隆夫

未完成《みかんせい》の富本銭《ふほんせん》と銭《ぜに》をつくるときにできる「鋳棹《いざお》」。

写真：ユニフォトプレス

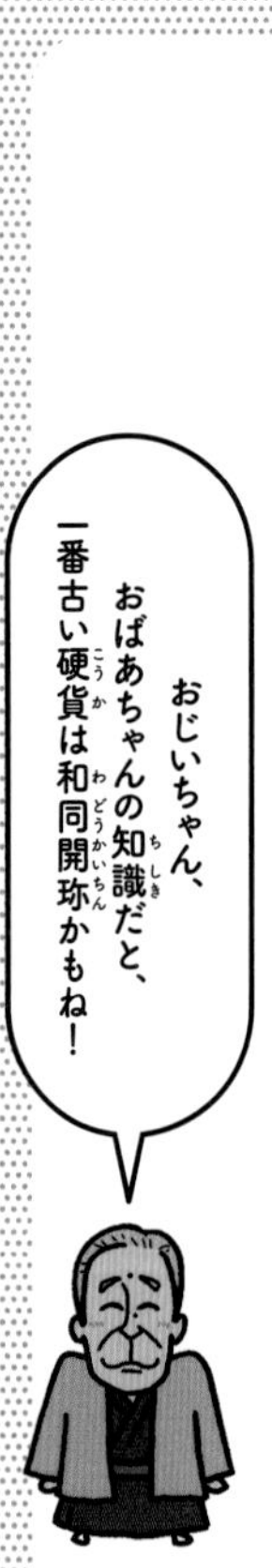
おじいちゃん、おばあちゃんの知識《ちしき》だと、一番古い硬貨《こうか》は和同開珎《わどうかいちん》かもね！

「富《ふ》本銭《ほんせん》」という銅銭《どうせん》が、日本で最初《さいしょ》につくられたお金だ。

1990年代までは、日本でつくられた最《もっと》も古いお金は708年につくられた「和同開珎《わどうかいちん》」といわれていた。

だけど、1991（平成《へいせい》3）年に和同開珎より古い時代の都で銅銭が見つかり、1999（平成11）年には「富《ふ》本《ほん》」と字が入った銅銭や、銅銭をつくる型《かた》などが発見されたんだ。

研究の結果《けっか》、富本銭は683年につくられたと考えられている。和同開珎より約《やく》25年前のお金なんだ。

でも、富本銭が、お金として実際《じっさい》に使われていたかは、まだわかっていない。古代日本では、お金の歴史《れきし》が古い中国から来た銅銭を、おまじないの道具に使う風習があり、そのために使われたこともあるんだって。

平安時代《へいあんじだい》から戦国時代《せんごくじだい》まで日本はお金を輸入《ゆにゅう》していた！

平清盛《たいらのきよもり》は日本と宋《そう》の貿易《ぼうえき》に力を入れた人物なんだよ
わーい!!
持ってきたよ
銭

写真：貨幣博物館

明銭《みんせん》　宋銭《そうせん》

日本で最初《さいしょ》のお金「富本銭《ふほんせん》」がつくられ、その後「和同開珎《わどうかいちん》」もつくられたけど、あまりお金としては使われなかった。理由は、質《しつ》が悪かったり、人びとが物ぶつ交換《こうかん》になれていたからなんだ。その後、日本では700年近くお金はつくられなかった。

平安時代《へいあんじだい》に入ると、中国との交易《こうえき》がさかんになり、中国でつくられた銅銭《どうせん》が輸入《ゆにゅう》されて日本国内で使われるようになった。

当時の中国は、北宋《ほくそう》（960～1127年）で、銅銭は「宋銭《そうせん》」とよばれた。宋銭は大量《たいりょう》につくられて東アジアに広まり、日本にも大量に輸入された。宋銭はのちの明《みん》（1368～1644）の「明銭《みんせん》」とともに、お金で物を売り買いする「貨幣経済《かへいけいざい》」を日本に広め、江戸時代《えどじだい》初めまで使われた。

秀吉《ひでよし》がつくった大判《おおばん》は当時世界最大《さいだい》の金貨《きんか》！

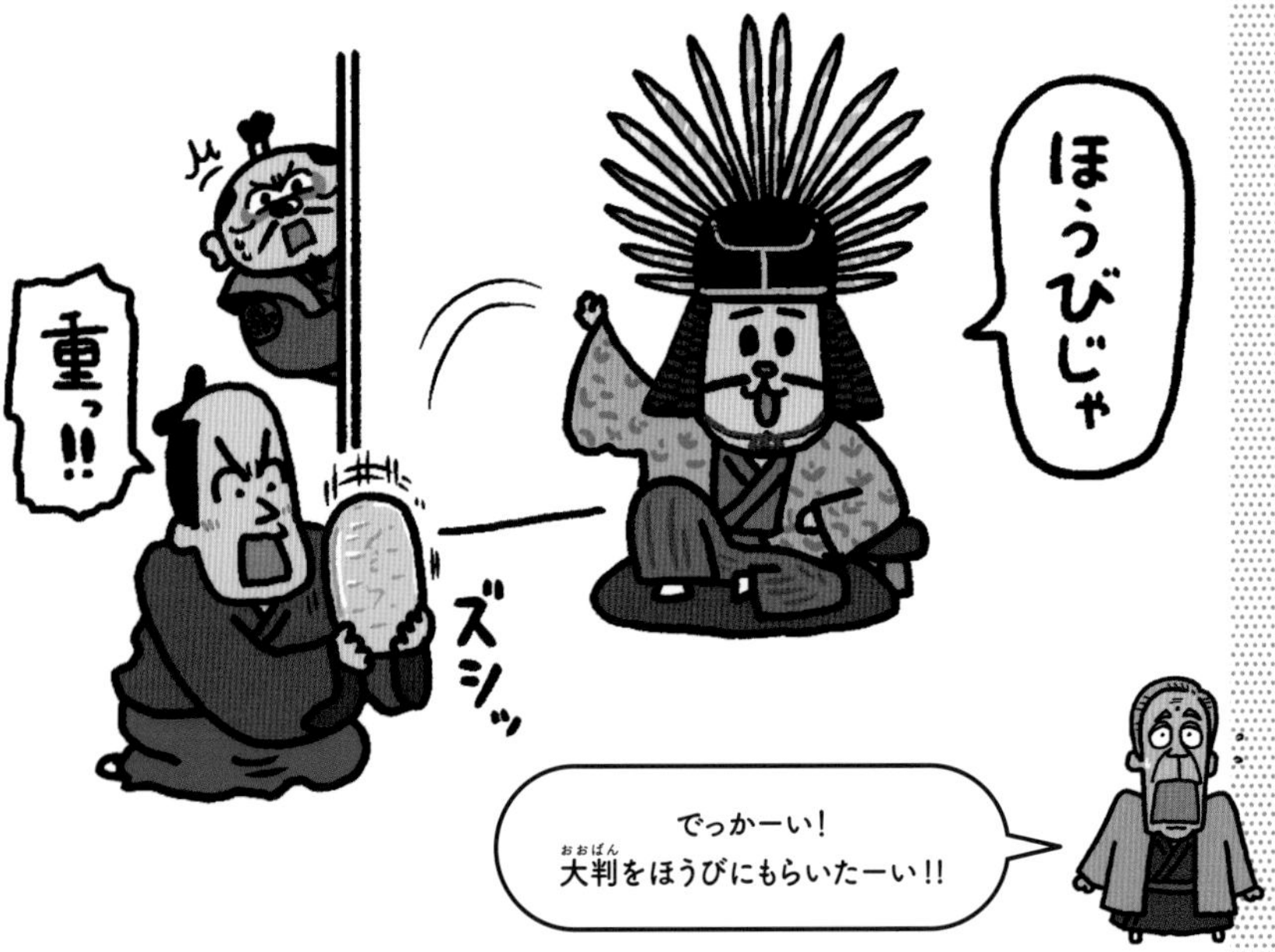

戦《せん》国《ごく》時《じ》代《だい》に日本を統《とう》一《いつ》した豊《とよ》臣《とみ》秀《ひで》吉《よし》（1537?〜1598年）が、1587年ごろからつくらせた「天正菱大判《てんしょうひしおおばん》」や「天正長大判《てんしょうながおおばん》」は世界最大級《さいだいきゅう》の金貨《きんか》なんだ。

大阪《おおさか》の造幣博物館《ぞうへいはくぶつかん》にある天正菱大判は、長さが約《やく》17センチ、厚《あつ》さ2ミリ、重さが約《やく》165グラムで、純金を約125グラム（75パーセント）ふくんでいる。現在《げんざい》の金の相場が1グラム＝1万円とすると、天正菱大判は、ふくまれている金の価値《かち》だけで約125万円にもなる。そこに歴史的《れきしてき》な価値が加《くわ》わると、いったいいくらなんだろう？

大判は江戸時代になると、贈《おく》り物《もの》や、将軍からのほうびなどで使われることが多くなったんだって。買い物に使うには高額《こうがく》すぎて、おつりを出《だ》すほうが大変《たいへん》だよね。

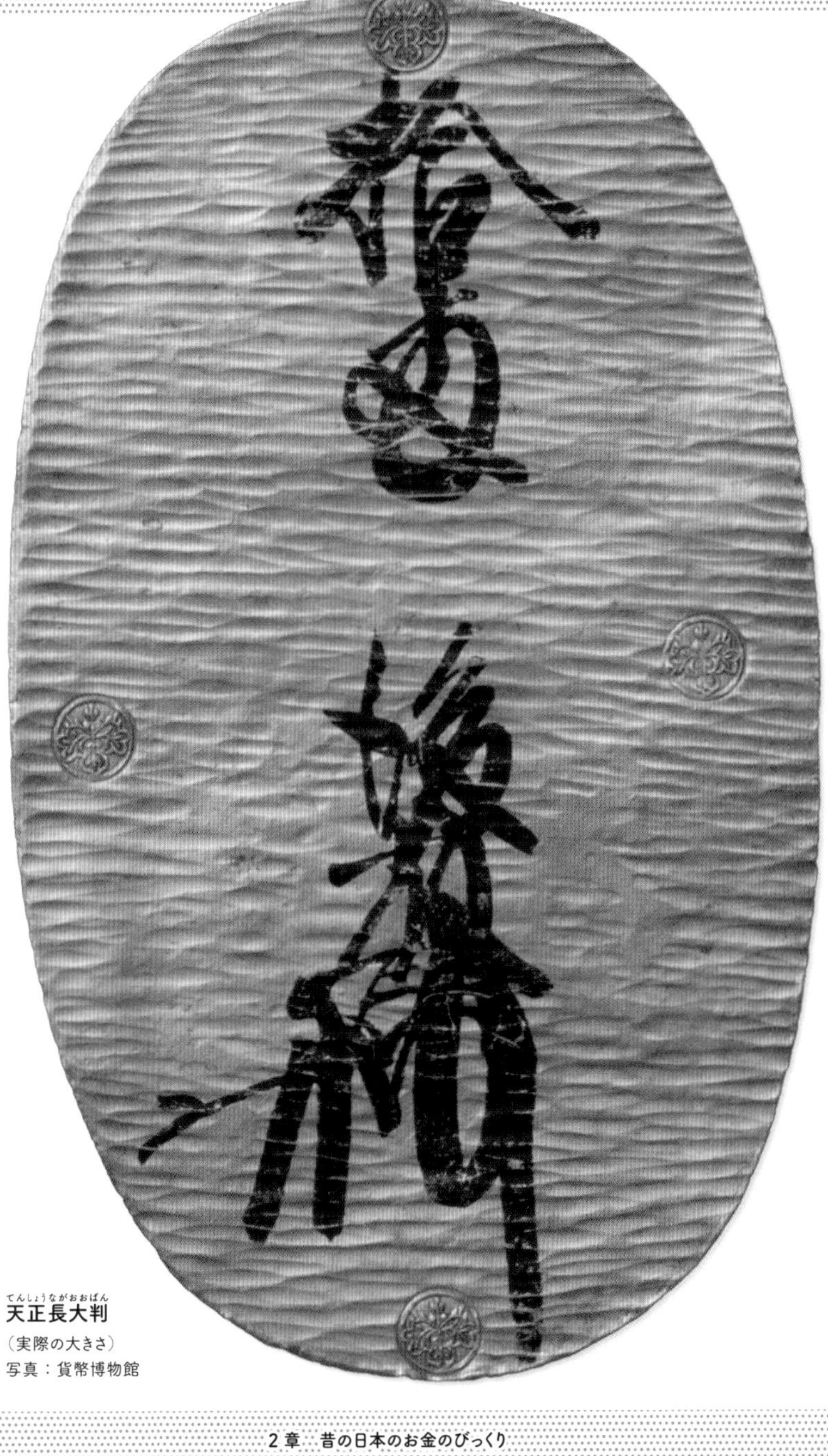

天正長大判《てんしょうながおおばん》

（実際の大きさ）

写真：貨幣博物館

銭《ぜに》形《がた》平《へい》次《じ》の「四文銭《しもんせん》」は現在《げんざい》の100円玉と同じ

将《しょう》軍《ぐん》となり江戸幕府《えどばくふ》をひらいた徳《とく》川家康《がわいえやす》（1543～1616年）は、1596年ごろから、関東地方《かんとうちほう》でお金の制度を整えはじめ、1601年には慶長大判《けいちょうおおばん》、慶長小判《けいちょうこばん》、慶長一分金《けいちょういちぶきん》、慶長丁銀《けいちょうちょうぎん》をつくった。1615年に豊臣《とよとみ》氏をほろぼしたあと、その制度を全国に広めたんだ。

金貨をつくる所を「金座《きんざ》」、銀貨をつくる所を「銀座《ぎんざ》」とよんだんだ。現在《げんざい》の東京《とうきょう》の「銀座」という地名は、そこに銀座があったことからついたんだ。

金貨の単位《たんい》は「両《りょう》、分《ぶ》、朱《しゅ》」で、「1両＝4分＝16朱」と、4の倍数で単位が変《か》わったんだ（4進法《しんほう》）。金の小判1枚《まい》が1両で、現在の約《やく》10万円以上の価値《かち》があった。当時の庶民《しょみん》は、小判なんか見たこともない人ばっかりで、10両を盗《ぬす》んだら死刑《しけい》にされてしまうく

写真：貨幣博物館

天保五両判金《てんぽうごりょうばんきん》　天保小判《てんぽうこばん》　慶長一分金《けいちょういちぶきん》　慶長小判《けいちょうこばん》　天保一分銀《てんぽういちぶぎん》

明和南鐐二朱銀《めいわなんりょうにしゅぎん》（表裏《おもてうら》）

天保丁銀《てんぽうちょうぎん》　天保豆板銀《てんぽうまめいたぎん》　慶長丁銀《けいちょうちょうぎん》　慶長豆板銀《けいちょうまめいたぎん》

寛永通宝《かんえいつうほう》（四文銭《もんせん》・表裏《おもてうら》）　寛永通宝《かんえいつうほう》（一文銭《もんせん》・表裏《おもてうら》）　天保通宝《てんぽうつうほう》

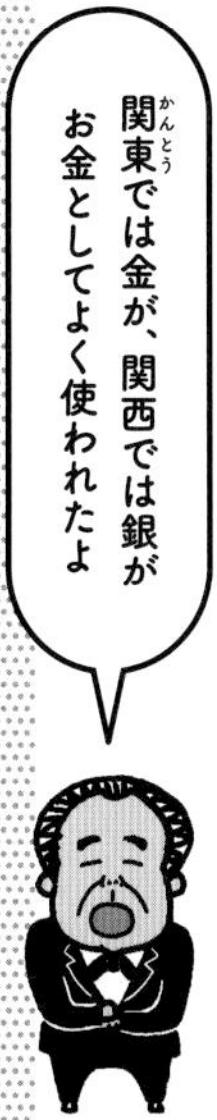
関東《かんとう》では金が、関西では銀がお金としてよく使われたよ

らい、高額《こうがく》のお金とされていたんだよ。
　三代将軍の徳川家光《とくがわいえみつ》（1604〜1651年）の時代には、「一文銭《いちもんせん》」の銅銭《どうせん》（銭《ぜに》。寛永通宝《かんえいつうほう》）をつくり始めた。一般《いっぱん》の人はほとんどが銅銭を使っていたから、やっと日本でつくられたお金で、ふだんの買い物ができるようになったんだよ。
　銭の単位は文《もん》。物価《ぶっか》の考え方や年代によって変《か》わるけど、1文はだいたい現在の20円ちょっととくらいの価値だといわれているよ。
　4文の「四文銭《しもんせん》」も1768年からつくられた。時代劇《じだいげき》で有名な銭形平次《ぜにがたへいじ》が投げたのも、この「四文銭」なんだって。4文はおよそ100円。銭形平次は100円玉を投げて、悪者をやっつけていたようなものだね。ちょっともったいなくて投げられないね。

日本最初《さいしょ》のお札《さつ》は商人がつくった!? お殿様《とのさま》もお札をつくった!?

これで魚ちょーだい
シュバッ
あきんど銀行
一千万両
まいどあり

日本で最初《さいしょ》のお札《さつ》が発行されたのは、江戸《えど》時代の初《はじ》めごろ。伊勢《いせ》（今の三重県《みえけん》）の山田《やまだ》というところの商人たちが発行した「山田羽書《やまだはがき》」が最初のお札だったんだ。郵便《ゆうびん》はがきとはちがって、通信手段《つうしんしゅだん》として使うものじゃない。「羽書」とは、もともと「小さな札《ふだ》」という意味なんだ。

当時、関西《かんさい》で使われていたお金は銀のかたまりで、大きくて重たく、運ぶのが大変《たいへん》だった。そこで、山田の商人たちは、金額《きんがく》を紙に書いたものを発行して、お金のかわりにしたんだ。山田羽書とは、その紙を発行したところに持っていけば、その金額のお金と交換《こうかん》できる「手形《てがた》」のことだったんだ。

もともと山田羽書は、山田のごく一部の商人の間だけで使われていたんだけど、やがて山田全体で使われるよう

写真：貨幣博物館

福井藩《ふくいはん》の藩札《はんさつ》

山田羽書《やまだはがき》

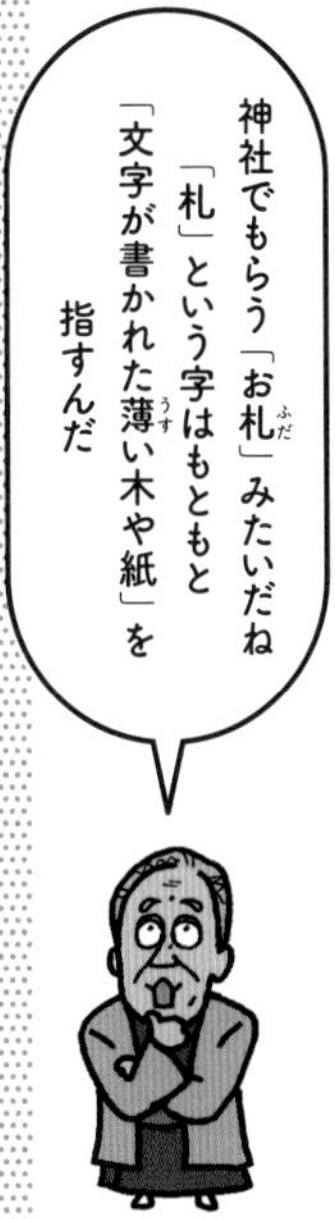
神社でもらう「お札《ふだ》」みたいだね
「札」という字はもともと
「文字が書かれた薄《うす》い木や紙」を
指すんだ

になり、さらにそのまわりの地域《ちいき》でも利用《りよう》されるようになって、現在《げんざい》のお札と同じように広く使われる「お金」として利用されるようになったんだ。

　また、江戸時代、大名が治《おさ》めていた日本各地《かくち》の「藩《はん》」の財政《ざいせい》が次第に悪くなったんだ。そこで当時使われていた金貨《きんか》や銀貨のかわりに、各藩では独自のお札である「藩札《はんさつ》」を発行したんだ。

　これは発行した藩のなかだけで通用したお札なんだよ。藩の人びとには藩札を使わせて、そのぶんの金貨や銀貨を、藩の外への支払《しはら》いに使ったんだ。

　最初の藩札は、1661年に越前《えちぜん》(今の福井県《ふくいけん》北部)の福井藩が発行したという説《せつ》があるよ。明治時代《めいじじだい》のはじめに明治政府《せいふ》が新しいお金の制度《せいど》をつくるまでの間に、約《やく》200もの藩で藩札が発行されていたんだ。

江戸《えど》時代までの銅銭《どうせん》の穴《あな》はなぜ四角い？

ガリ
ゴリ
ゴリ
ガリ
くる
くる
※穴《あな》が丸いとくるくると回ってしまう

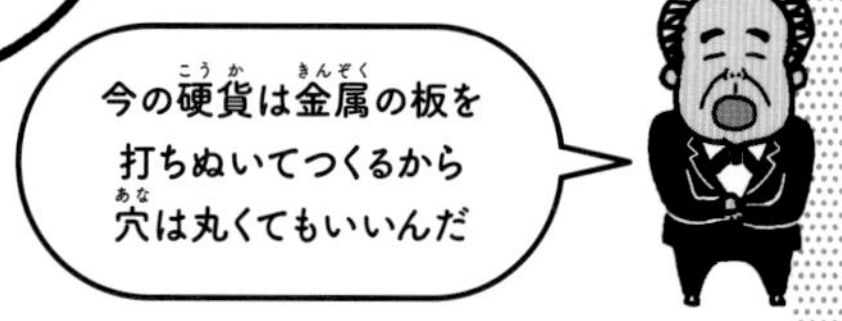

今の硬貨《こうか》は金属《きんぞく》の板を打ちぬいてつくるから穴《あな》は丸くてもいいんだ

最《さい》古《こ》の銅貨《どうか》「富本銭《ふほんせん》」や「和同開珎《わどうかいちん》」、江戸《えど》時代の「寛永通宝《かんえいつうほう》」など、日本で使われた硬貨《こうか》の穴《あな》は、明治《めいじ》になるまでずっと四角だったんだ。

もともと手本にした中国の銅貨の穴も四角だった。銅貨《どうか》をつくるとき、とかした銅を型《かた》に流しこむんだけど、どうしても流しこむ部分にはみだしができてしまう。そこで硬貨の側面《そくめん》をみがく必要《ひつよう》があったんだ。

1枚《まい》ずつでは効率《こうりつ》が悪いので、穴に棒《ぼう》を通し、何枚《なんまい》も重ねた状態《じょうたい》でみがく。もし銅貨の穴が丸いと、丸い棒を通してみがこうとすると銅貨がくるくると回ってしまう。四角い穴に四角い棒なら、銅貨を固定《こてい》してみがけたんだ。

銅貨の穴は、材料《ざいりょう》を節約《せつやく》するほか、穴にひもを通してまとめるためにも使ったよ。

3章 外国のお金のびっくり

Chapter

3

外国で日本のお金が使えないのはなぜ？

いろいろな通貨記号《つうかきごう》

記号	名前	国・地域
$	ドル	アメリカ、オーストラリア、ニュージーランド、カナダ、香港など
€	ユーロ	ユーロ圏
£	ポンド	イギリス、マン島、エジプト、ジブラルタルなど
₽	ルーブル	ロシア
R	ランド	南アフリカ
฿	バーツ	タイ
₩	ウォン	韓国
¥	元	中国
¥	円	日本

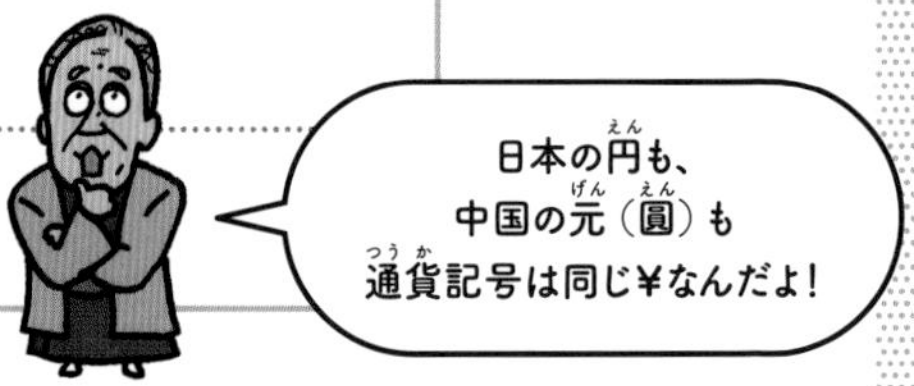
日本の円《えん》も、
中国の元《げん》（圓《えん》）も
通貨《つうか》記号は同じ¥なんだよ！

世界の国ぐにで、お金の単位《たんい》（通《つう》貨《か》単位）が異《こと》なるため、外国のお金は日本では使えないし、日本のお金も外国では使えないんだ。

お金は「法定通貨《ほうていつうか》」といって、それぞれの国の法律《ほうりつ》によって、お金として使える力を持たされている。だから、国が違《ちが》えば、使えるお金の単位も違ってくるんだ。

世界には約《やく》180の通貨があるといわれているんだよ。

日本が認《みと》めている国の数は196（日本ふくむ。2023年現在《げんざい》。外務《がいむ》省《しょう》）だけど、お金は同じ国の中でも地《ち》域《いき》によって通貨が異なったり、逆《ぎゃく》に同じ通貨が複数《ふくすう》の国で使われたりすることがあるんだ。そのため、国の数と通貨の数が同じではないんだ。

欧州統一《おうしゅうとういつ》通貨「ユーロ」を導入《どうにゅう》して

いるオーストリア、ベルギー、キプロス、エストニア、フィンランド、フランス、ドイツ、ギリシャ、アイルランド、イタリア、ルクセンブルク、マルタ、オランダ、ポルトガル、スロバキア、スロベニア、スペイン、リトアニア、ラトビア、クロアチアの20の国ぐにでは、「ユーロ」という共通《きょうつう》のお札《さつ》・硬貨《こうか》を法定通貨としているので、ユーロ圏内《けんない》であれば、同じお札や硬貨を自由に使うことができるんだよ。

なお、ドルのように、複数の国で使われている通貨の単位が同じ名称《めいしょう》のものもある。日本では単《たん》にドルといえばアメリカ合衆国《がっしゅうこく》の通貨であるアメリカドルのことを指すけれど、オーストラリアドル、ニュージーランドドル、カナダドル、香港《ホンコン》ドルなど各国《かっこく》のドルがあり、それぞれが違う通貨なんだ。

外国の硬貨《こうか》は日本で両替《りょうがえ》できない！

プリーズ!!
コイン!!
両替《りょうがえ》シテ!!
No《ノー》!!
センキュー
unicef

「ユニセフ外国コイン募金箱《ぼきんばこ》」は三井住友銀行《みついすみともぎんこう》にも置《お》いてあるよ！

海外のいろんな通貨《つうか》のお札《さつ》は、銀行などで日本のお札に両替《りょうがえ》が可《か》能《のう》なのに、硬貨《こうか》は両替できないんだ。

その理由は、硬貨が重いから。外国の硬貨を日本の銀行で両替するためには、銀行は発行した国に硬貨を送る必《ひつ》要《よう》がある。でも、硬貨は重たいから、お札に比《くら》べて金額のわりに輸送《ゆそう》に費用《ひよう》がたくさんかかってしまうんだ。だから、もし硬貨を両替できるようにするなら、手数料《てすうりょう》をとても高くしなければならなくなるんだって。

また、お札と違《ちが》って、硬貨はにせものを見分けることがむずかしいことも理由のひとつなんだって。

海外旅行などで使い残《のこ》したコインは、空港などにある「ユニセフ外国コイン募金《ぼきん》」に募金すれば、世界の子どもたちの支援《しえん》に協力《きょうりょく》できるんだよ。

額面《がくめん》が「0《ゼロ》」のお札《さつ》 0《ゼロ》ユーロ札がある!?

1億《おく》枚《まい》あっても0《ゼロ》ユーロ♥
早く片付けて

日本で0円札《さつ》
発行の予定は
とうぶんないね～

DAVID DI MICHELANGELO - FIRENZE
0
EURO
SEAS001411
0ユーロ札《さつ》

ヨーロッパのユーロ圏《けん》で発行されているお札《さつ》の表にはヨーロッパの各《かく》時代を代表する建物《たてもの》が、裏《うら》には橋が描《えが》かれている。でも、観光客《かんこうきゃく》のなかには、訪《おとず》れた国の固有《こゆう》のデザインのお札でないことが、不満《ふまん》な人もいたんだ。

そこで、ユーロ圏各国の著名《ちょめい》な建物などを描いた「0《ゼロ》ユーロ札」が発行されるようになったんだって。

額面《がくめん》が「0」だから、通貨《つうか》としては使えず、買い物などには使えない。だけど、ヨーロッパ中央銀行認可《にんか》のお札なので、すかしやホログラムなどのお札の高度な印刷《いんさつ》技術《ぎじゅつ》がちゃんと使われていてデザインもすぐれているんだ。おみやげやコレクションとして、とても人気があるそうだよ。

ちなみに、額面は0ユーロだけど、2ユーロくらいで売ってるんだって！

お札《さつ》のなかのエリザベス女王の肖像《しょうぞう》はだんだん年をとっていた

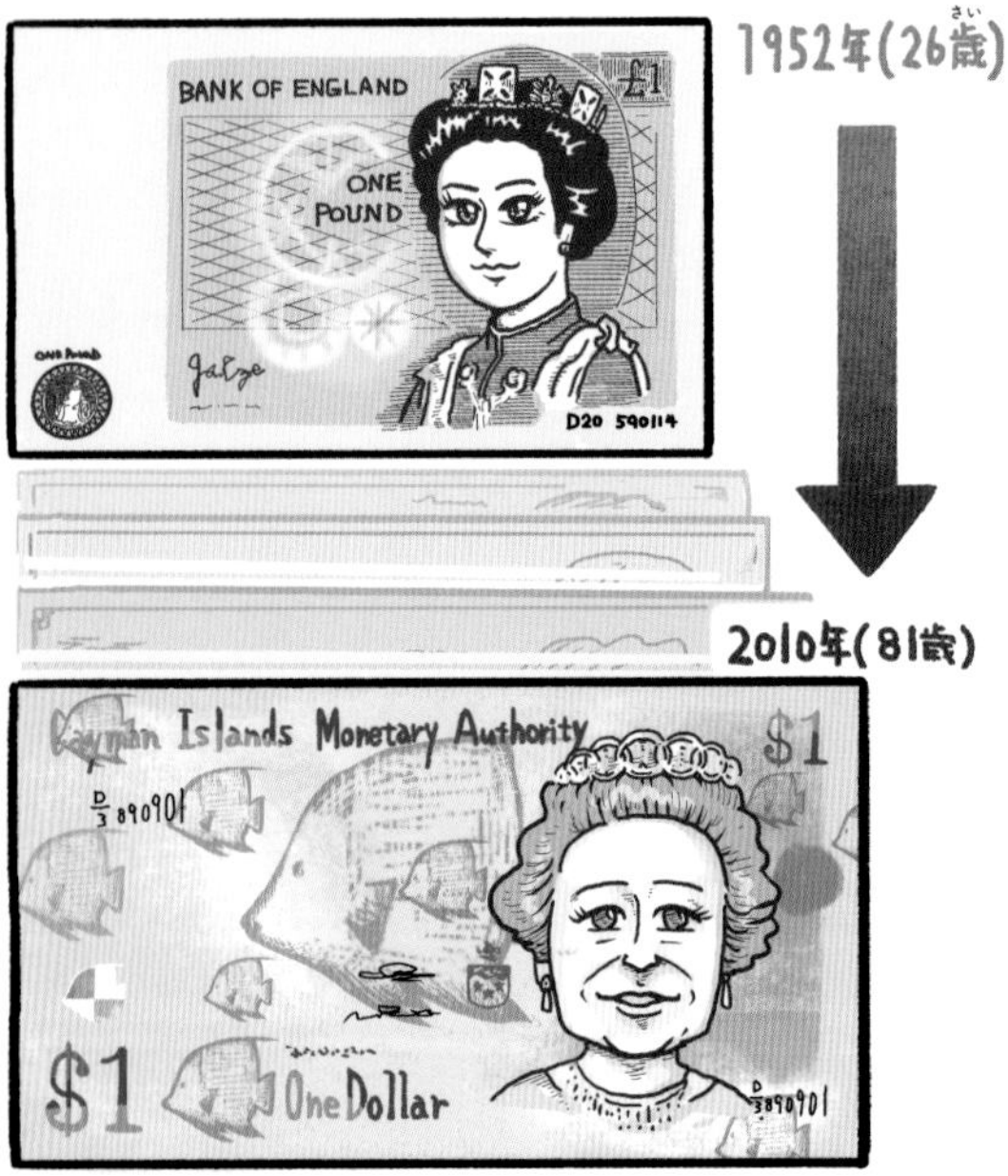

イギリスの女王だったエリザベス2世（1926〜2022年）の在位《ざいい》期間は70年もの長きにわたった。その間、イギリスだけでなく、イギリス領《りょう》やイギリスがかつて統治《とうち》していた「イギリス連邦国《れんぽうこく》」の、お札《さつ》や硬貨《こうか》に肖像《しょうぞう》が描《えが》かれているんだ。亡《な》くなるまでに多くの国と地域《ちいき》で、何百種類《しゅるい》ものお札に、エリザベス女王が描かれた。

お札が新しいデザインになるたび、肖像はその時の女王の姿《すがた》に変えられていた。イギリスのお札では60歳《さい》ごろの姿までしか描かれなかったけど、他の国では、もっと年をとった姿で描かれているお札もあるんだ。

2022年にチャールズ国王が新国王になったので、お札もチャールズ国王の肖像のものに変更《へんこう》されるんだよ。2024年に発行予定なんだって。

エリザベス女王の肖像《しょうぞう》のお札《さつ》

1960年発行のイギリス1ポンド札《さつ》

1963年発行のイギリス5ポンド札《さつ》

1978年発行のイギリス1ポンド札《さつ》

1992年発行のイギリス10ポンド札《さつ》

すかしに描《えが》かれた
エリザベス女王

現行のイギリス20ポンド札《さつ》

お札《さつ》がプラスチック
素材《そざい》にかわったため
すかしのかわりに、
透明部分《とうめいぶぶん》に肖像画《しょうぞうが》を
印刷《いんさつ》している。

発行予定の
チャールズ国王の
50ポンド札《さつ》

硬貨《こうか》は丸いだけじゃない
世界の変《か》わった硬貨

次はどんな形のお金にしよっかー
お魚《さかな》型《がた》とかかわいくない？
ネコちゃん型《がた》もいいよねー♡
キャッ
キャッ
キャッ

日本の硬貨《こうか》はみんな丸いから、硬貨は丸ばかりだと思ってない？

じつは、三角形から十二角形までの多角形や、ふちがナミナミになっているものもあるんだよ。新500円玉のように、色の違《ちが》う金属《きんぞく》を組み合わせた硬貨もあるよ。

そして、コレクター向けの記念硬貨《きねんこうか》になると、ハート形や星形の穴《あな》あき、宝石をはめこんだものとか、変わったものがたくさんあるんだ。

また、古代中国では、刀や農具の鍬《すき》の形をした銅製《どうせい》の刀貨《とうか》、布貨《ふか》などが使われ、14世紀ごろから馬のひづめのような形の「馬蹄銀《ばていぎん》」も高額取り引きに使うようになった。中国生まれのギョウザは「馬蹄銀」をまねてつくられ、お金に不自由《ふじゆう》しませんようにと願《ねが》って、お正月に食べるものだったんだよ。

さまざまな形の硬貨《こうか》

3角形の硬貨《こうか》
（クック諸島《しょとう》 1992年）

4角形の硬貨《こうか》
（スリナム 1982年）

TONGA 1981

長方形の硬貨《こうか》
（トンガ 1981年）

5角形の硬貨《こうか》
（イエメン 1955年）

6角形の硬貨《こうか》
（ベルギー領《りょう》コンゴ 1943年）

7角形の硬貨《こうか》
（ガイアナ 1996年）

古代中国の刀貨《とうか》
（刀幣《とうへい》、刀銭《とうせん》）

8角形の硬貨《こうか》
（スーダン 1989年）

9角形の硬貨《こうか》
（オーストリア 2023年）

10角形の硬貨《こうか》
（香港《ホンコン》 1976年）

11角形の硬貨《こうか》
（カナダ 2022年）

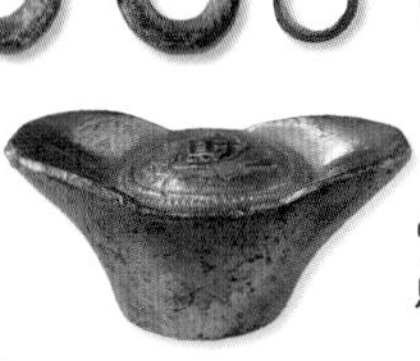

中国の
馬蹄銀《ばていぎん》

12角形の硬貨《こうか》
（バングラデシュ
1996年）

ホタテ貝形の硬貨《こうか》
（エチオピア 1944年）

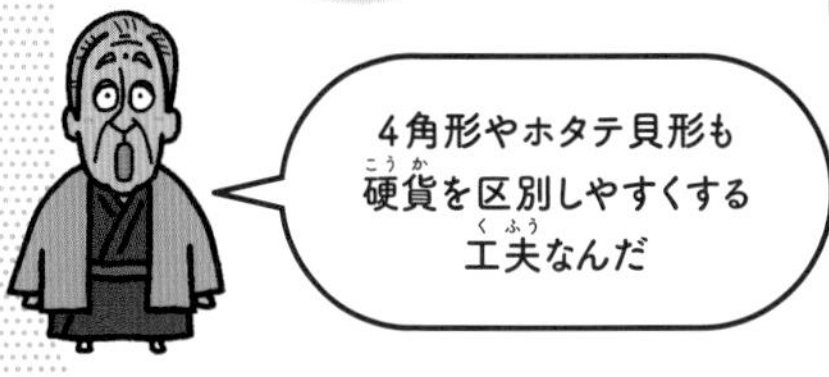
4角形やホタテ貝形も
硬貨《こうか》を区別しやすくする
工夫《くふう》なんだ

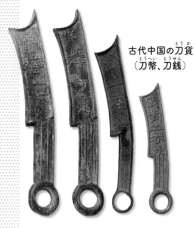

日本でつくられている外国の硬貨《こうか》がある！

MADE《メイド》 IN《イン》 JAPAN《ジャパン》
どうぞ
サンキュー♥
シュバ

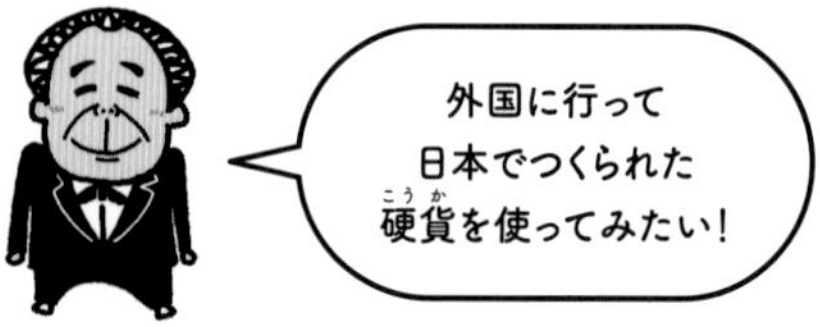
外国に行って
日本でつくられた
硬貨《こうか》を使ってみたい！

日本の造幣局《ぞうへいきょく》が初めて外国の硬貨《こうか》をつくったのは1916（大正《たいしょう》5）年で、ロシアから銀貨《ぎんか》の製造《せいぞう》を頼《たの》まれたんだ。次は1926（昭和《しょうわ》元）年から3年分のタイの青銅貨《せいどうか》をつくったんだって。

今は、外務省《がいむしょう》と協力《きょうりょく》し、2007（平成《へいせい》19）年にニュージーランドの記《き》念銀貨《ねんぎんか》を製造してから、2023（令《れい》和《わ》5）年までに10か国15種類《しゅるい》の外国の硬貨をつくっているよ。バングラデシュとジョージアにはふつうに使う硬貨も製造したんだよ。

造幣局が外国の硬貨をつくるのは、日本でもキャッシュレス決済《けっさい》が進み、硬貨の必要量《ひつようりょう》がへっているからなんだ。でも、造幣局の高度な技術《ぎじゅつ》を遊ばせるのはもったいないから、外国の硬貨の製造をうけおっているんだよ。

造幣局《ぞうへいきょく》でつくられた外国の硬貨《こうか》

「日本カンボジア友好《ゆうこう》70周年《しゅうねん》」記念《きねん》
カンボジア5000リエル銀貨《ぎんか》

アラブ首長国連邦《しゅちょうこくれんぽう》「紙幣印刷所《しへいいんさつじょ》公式開所」
記念《きねん》50ディルハム銀貨《ぎんか》

ジョージア20テトリ流通用《りゅうつうよう》
ステンレス貨《か》

オマーン「ニズワ・イスラム文化の首都
2015」記念《きねん》1リアル銀貨《ぎんか》

「日本ブルネイ外交関係樹立《がいこうかんけいじゅりつ》30周年《しゅうねん》」
記念《きねん》30ドル銀貨《ぎんか》

バングラデシュ2タカ流通用
ステンレス貨《か》

「日本スリランカ国交樹立《じゅりつ》60周年《しゅうねん》」
記念《きねん》1000ルピー銀貨《ぎんか》

「アオラキ／マウント・クック」
ニュージーランド1ドル記念銀貨《きねんぎんか》

プラスチックのお札《さつ》がある!?

日本のお札《さつ》が紙《かみ》でできているから、お札はみんな紙製《かみせい》だって思ってない？　じつは世界には、プラスチック（ポリマー）でできたお札がけっこうあるんだ。プラスチックのお札なら、かんたんには破れないし、水にも強そうだから安心だね。

世界最初《さいしょ》のプラスチックのお札は、1988年にオーストラリアで発行されたんだ。それから、オーストラリアのお札は、すべてプラスチック（ポリマー）になったんだよ。

このオーストラリアのお札は、右上が透明《とうめい》な窓《まど》になっている。にせ札づくりを防《ふせ》ぐための工夫《くふう》になるんだ。

また、プラスチック製なのに、このお札は2つに折《お》ることもできて、広げると折り目が消えてしまうんだって。

各国のプラスチックのお札を紹介！

世界のプラスチック製《せい》のお札《さつ》いろいろ

裏《うら》　表

オーストラリア　10オーストラリアドル札《さつ》

カナダ　10カナダドル札《さつ》

ザンビア　1000クワチャ札《さつ》

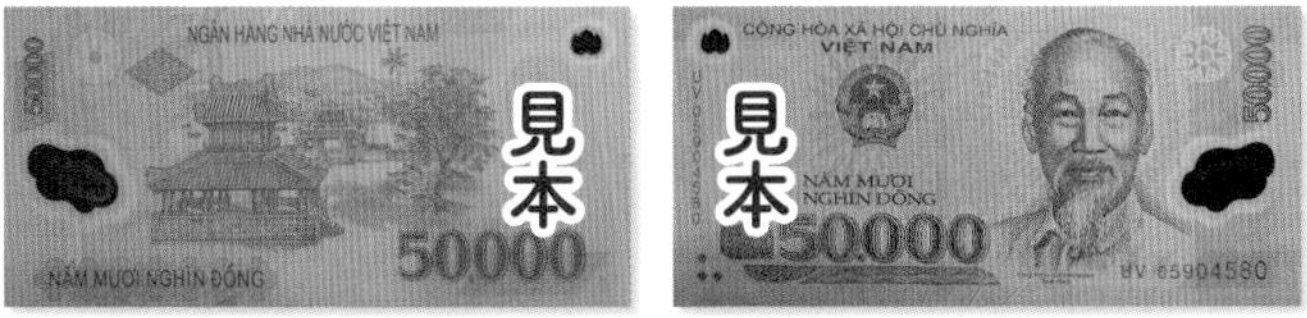

ベトナム　5万ドン札《さつ》

ルーマニア　200レイ札《さつ》

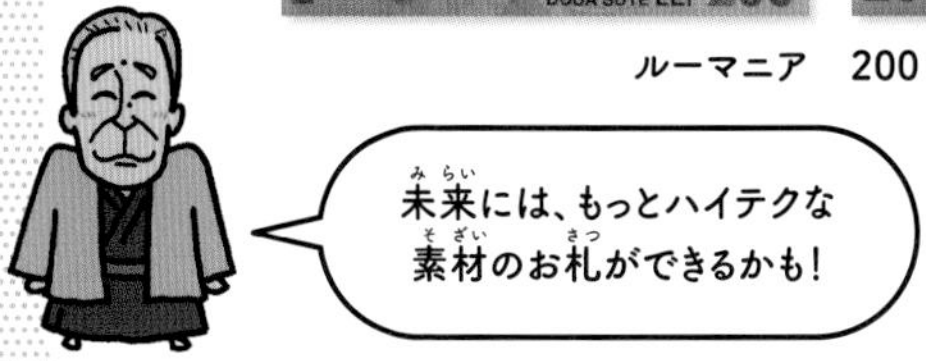

アメリカのお札《さつ》はどれも同じ大きさ!?

同じ大きさ? ぜんぶホントかなぁ…
ジー
ちょっと…やめなよ
はっ

アメリカ合衆国《がっしゅうこく》のお札《さつ》は、1ドル、2ドル、5ドル、10ドル、20ドル、50ドル、100ドルの7種類《しゅるい》だ。でも、どのお札も、縦《たて》6・63センチ、横15・6センチと同サイズなんだよ。

またお札の重さも額面《がくめん》に関係《かんけい》なく、すべて1枚《まい》1グラムなんだって。

デザインや色あいも似《に》ていて、中心に描《えが》かれる肖像《しょうぞう》の人物の違《ちが》いと、額面の数字、用紙の凹凸《おうとつ》などで判別《はんべつ》するようになっている。裏《うら》のデザインも5、10、20、50、100ドル札はすべて建物《たてもの》で似ている。なれないと、お札の種類がすぐにはわからないよね。

とはいえ、アメリカの多くのお店では、50ドル以上《いじょう》のお札は受け取ってもらえないんだって。理由はなんと、にせ札が多く出回っているから。また、2ドル札はあまり使われていないんだ。

アメリカ・ドル札《さつ》

裏《うら》 / 表

1ドル札《さつ》

2ドル札《さつ》

5ドル札《さつ》

10ドル札《さつ》

20ドル札《さつ》

50ドル札《さつ》

100ドル札《さつ》

外国には記《き》念《ねん》硬《こう》貨《か》以《い》外《がい》に記念のお札《さつ》がある！

見本

皇太子生誕記念《こうたいしせいたんきねん》　100ニュルタム札《さつ》
（ブータン 2018年）

見本

2022北京《ペキン》冬季オリンピック
記念　20元札
（中国《ちゅうごく》 2022年）

見本

コロンブス上陸《じょうりく》500年記念《きねん》　500ペソ札《さつ》
（ドミニカ共和国 1992年）

見本

中央銀行50年記念　50ドル札《さつ》
（トリニダードトバゴ 2014年）

見本

リオオリンピック
ラグビー金メダル獲得《かくとく》
記念　7ドル札《さつ》
（フィジー共和国 2017年）

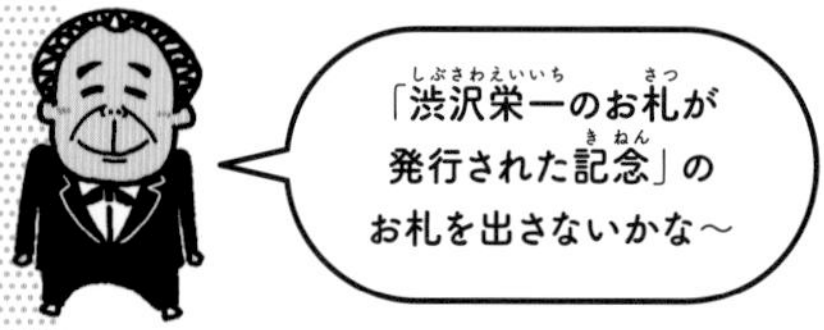
「渋沢栄一《しぶさわえいいち》のお札《さつ》が発行された記念《きねん》」のお札を出さないかな～

外国では「記念紙幣《きねんしへい》」、つまり記念のお札《さつ》も発行されているよ。通常《つうじょう》のお札に、記念することがらの文字や絵を加《くわ》えたシンプルな記念紙幣もあるけど、通常のお札とはデザインを大きく変《か》えた、美しいものが多いんだ。

世界最初《さいしょ》の記念紙幣は、１８９４年にニカラグアで発行された「コロンブスによるアメリカ発見４００年記念」１ペソ札なんだ。

金属《きんぞく》でつくられた硬貨《こうか》と違《ちが》い、お札はいたむのが早いから記念として残《のこ》しにくいという考えから、日本では記念紙幣は発行されていない。

２０００（平成《へいせい》12）年の沖縄《おきなわ》サミットの年に発行された２０００円札は、「２０００」という数字にちなんだ記念のお札ではない。法律上《ほうりつじょう》もふつうのお札というあつかいだよ。

お金に関係《かんけい》する漢字に「貝」がついているのはなぜ？

貸 貯 貧 貝 敗 賀 資 負 費

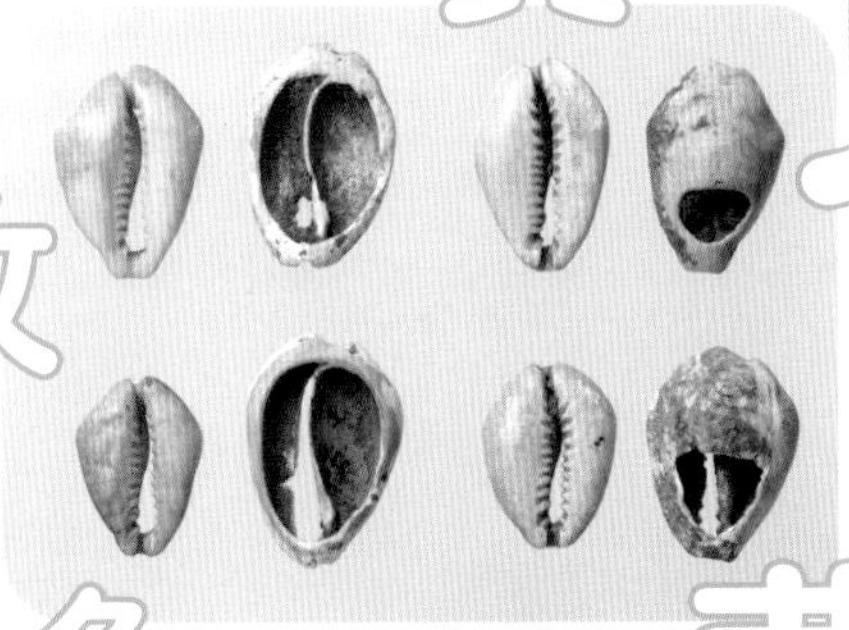

古代中国の貝貨《ばいか》

写真：貨幣博物館

お金にまつわる漢字って
いっぱいあるんだ〜

紀《き》元前《げんぜん》16世紀《せいき》から紀元前8世紀の中国では、貝がらがお金の役割《やくわり》を果《は》たしていたんだよ。貝でつくられた貨幣《かへい》なので、「貝貨《ばいか》」とよぶんだ。

どんな貝でもいいわけじゃない。中国の海ではなく、南の方の海でとれるタカラガイ（宝貝《たからがい》）という種類《しゅるい》の貝がらが、お金になったんだ。

貝がお金だったから、お金に関《かん》する漢字の部首には「貝」がついているものが多いんだ。漢字の「貝」はタカラガイの形を表しているんだって。

「貝」のついた漢字はたくさんある。財、貯、貨、賀、貴、賛、資、質、賞、責、貸、賃、買、費、貧、負、貿が、小学校で習う漢字だよ。

その後、金属《きんぞく》で貨幣《かへい》がつくられるようになり、「お金」とよばれるようになったんだよ。

ひと休みコラム

お札《さつ》で見る日本の世界遺産《せかいいさん》

日本のお札《さつ》には、歴史的建造物《れきしてきけんぞうぶつ》や自然《しぜん》も多く描《えが》かれている。
お札に描かれた日本の世界遺産《せかいいさん》を見てみよう。

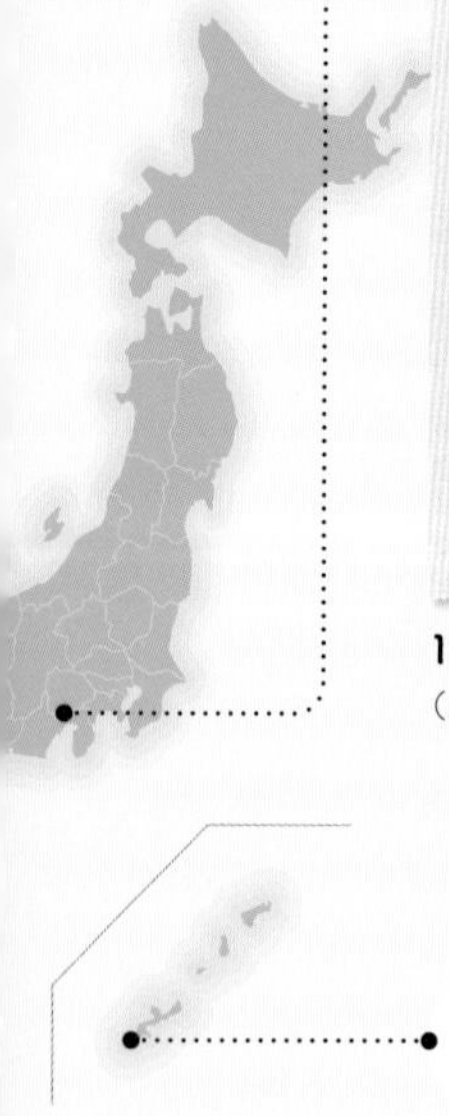

富士山《ふじさん》 -信仰《しんこう》の対象《たいしょう》と芸術《げいじゅつ》の源泉《げんせん》-

1000円札《さつ》 裏《うら》（富士山《ふじさん》）
（2004年発行）

500円札《さつ》 裏《うら》（富士山《ふじさん》）
（1969年発行）

琉球王国《りゅうきゅうおうこく》のグスク及《およ》び関連遺産群《かんれんいさんぐん》

2000円札
表（守礼門《しゅれいもん》）
（2000年発行）

古都京都《こときょうと》の文化財《ぶんかざい》

1万円札 裏《うら》（平等院《びょうどういん》 鳳凰像《ほうおうぞう》）
（2004年発行）

法隆寺《ほうりゅうじ》地域《ちいき》の仏教建造物《ぶっきょうけんぞうぶつ》

100円札《えんさつ》 表（法隆寺《ほうりゅうじ》 夢殿《ゆめどの》）
（1930年発行）

裏（法隆寺《ほうりゅうじ》 金堂《こんどう》・五重塔《ごじゅうのとう》）

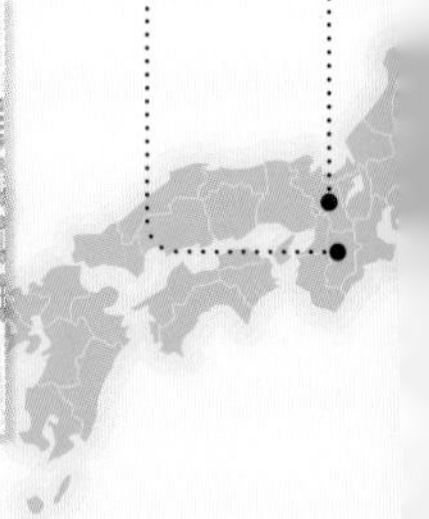

新1万円札《さつ》と世界遺産《せかいいさん》

群馬県《ぐんまけん》の富岡製糸場《とみおかせいしじょう》は、「富岡製糸場と絹産業遺産群《きぬさんぎょういさんぐん》」として世界遺産《せかいいさん》に登録《とうろく》されている。富岡製糸場はお札《さつ》に描《えが》かれていないけど、2024年の新1万円札の肖像画《しょうぞうが》になった渋沢栄一《しぶさわえいいち》によって設立《せつりつ》されたんだよ。

写真：ピクスタ

＼ひと休みコラム／

硬貨《こうか》で見る日本の世界遺産《せかいいさん》

硬貨《こうか》にも日本の世界遺産《せかいいさん》がたくさん登場している。
記念硬貨《きねんこうか》にはカラフルに表現《ひょうげん》されたものも多く、見ていて楽しいね。

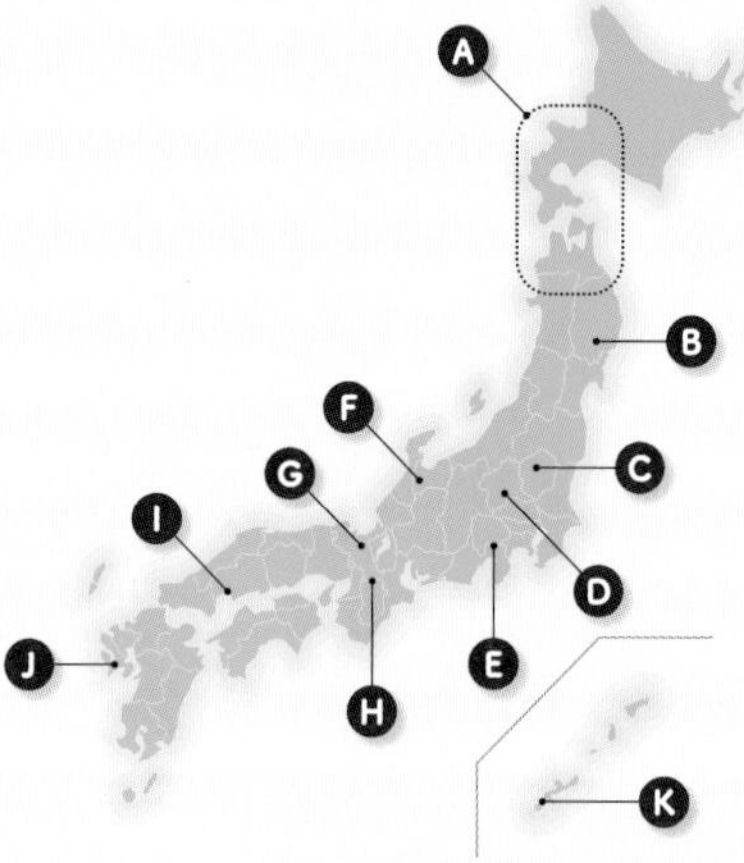

C 日光《にっこう》の社寺

地方自治法施行《ちほうじちほうしこう》
60周年記念《しゅうねんきねん》（栃木県《とちぎけん》）
1000円銀貨《ぎんか》
日光東照宮陽明門《にっこうとうしょうぐうようめいもん》
（2012年発行）

A 北海道《ほっかいどう》・北東北の縄文遺跡《じょうもんいせき》群

地方自治法施行《ちほうじちほうしこう》
60周年記念《しゅうねんきねん》（青森県《あおもりけん》）
500円バイカラークラッド貨《か》
三内丸山遺跡《さんないまるやまいせき》と土偶《どぐう》
（2010年発行）

D 富岡製糸場《とみおかせいしじょう》と絹産業遺産群《きぬさんぎょういさんぐん》

地方自治法施行《ちほうじちほうしこう》
60周年記念《しゅうねんきねん》（群馬県《ぐんまけん》）
1000円銀貨《ぎんか》
富岡製糸場《とみおかせいしじょう》
東繭倉庫《ひがしまゆそうこ》と工女
（2013年発行）

B 平泉《ひらいずみ》 ‐仏国土（浄土《じょうど》）を表す建築・庭園及び考古学《こうこがく》的遺跡群‐

地方自治法施行《ちほうじちほうしこう》
60周年記念《しゅうねんきねん》（岩手県《いわてけん》）
1000円銀貨《ぎんか》
中尊寺金色堂《ちゅうそんじこんじきどう》と中尊寺《ちゅうそんじ》ハスと
毛越寺浄土庭園《もうつうじじょうどていえん》
（2011、2012年発行）

I 原爆《げんばく》ドーム

地方《ちほう》自治《じ》法《ちほう》施行《しこう》
60周年記念《しゅうねんきねん》（広島県《ひろしまけん》）
500円バイカラークラッド貨《か》
原爆《げんばく》ドームと
広島平和都市記念碑《ひろしまへいわとしきねんひ》
（2013年発行）

J 長崎《ながさき》と天草《あまくさ》地方の潜伏《せんぷく》キリシタン関連遺産《かんれんいさん》

地方自治法施行《ちほうじちほうしこう》
60周年記念《しゅうねんきねん》（長崎県《ながさきけん》）
500円バイカラークラッド貨《か》
大浦天主堂《おおうらてんしゅどう》と
ステンドグラス
（2015年発行）

地方自治法施行《ちほうじちほうしこう》
60周年記念《しゅうねんきねん》（長崎県《ながさきけん》）
1000円銀貨《ぎんか》
大浦天主堂《おおうらてんしゅどう》と椿《つばき》
（2015年発行）

K 琉球王国《りゅうきゅうおうこく》のグスク及《およ》び関連遺産群《かんれんいさんぐん》

地方自治法施行《ちほうじちほうしこう》
60周年記念《しゅうねんきねん》（沖縄県《おきなわけん》）
1000円銀貨《ぎんか》
首里城《しゅりじょう》と組踊《くみおどり》
（2012年発行）

沖縄復帰《おきなわふっき》20周年記念《しゅうねんきねん》
500円白銅貨《はくどうか》
首里城正殿《しゅりじょうせいでん》
（1992年発行）

E 富士山《ふじさん》－信仰《しんこう》の対象《たいしょう》と芸術《げいじゅつ》の源泉《げんせん》－

日本万国博覧会記念《ばんこくはくらんかいきねん》
100円白銅貨《はくどうか》
葛飾北斎《かつしかほくさい》の富嶽三十六景《ふがくさんじゅうろっけい》の
ひとつ「赤富士《あかふじ》」
（1970年発行）

東京《とうきょう》オリンピック記念《きねん》
1000円銀貨《ぎんか》
富士山《ふじさん》と国花の桜《さくら》
（1964年発行）

F 白川郷《しらかわごう》・五箇山《ごかやま》の合掌造《がっしょうづく》り集落

地方自治法施行《ちほうじちほうしこう》
60周年記念《しゅうねんきねん》（岐阜県）
500円バイカラークラッド貨《か》
白川郷《しらかわごう》とれんげ草
（2010年発行）

G 古都京都《きょうと》の文化財《ぶんかざい》

10円青銅貨《せいどうか》
平等院鳳凰堂、唐草
（1959年～発行）

H 古都奈良《なら》の文化財《ぶんかざい》

地方自治法施行《ちほうじちほうしこう》
60周年記念《しゅうねんきねん》（奈良県《ならけん》）
1000円銀貨《ぎんか》
大極殿正殿《だいごくでんせいでん》と桜《さくら》と蹴鞠《けまり》
（2009年発行）

世界最初《さいしょ》の硬貨《こうか》は約《やく》2700年前につくられた！

これで羊の乳《ちち》をくれ
はっ!!
キラーン

リディアのエレクトロン貨《か》
写真：貨幣博物館

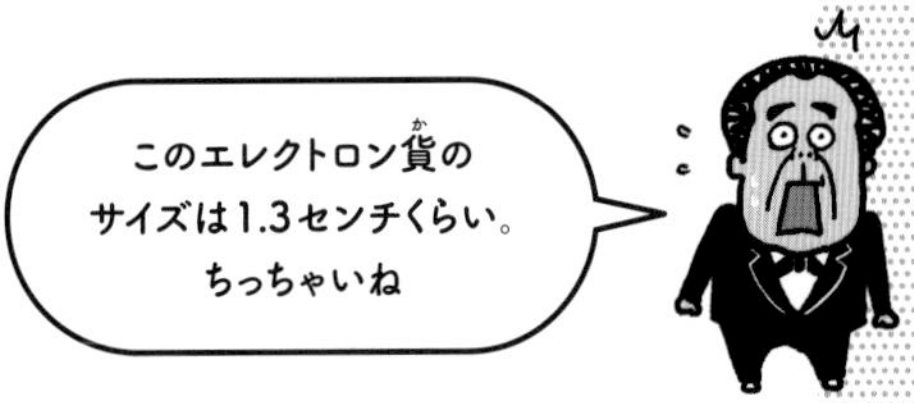

このエレクトロン貨《か》のサイズは1.3センチくらい。ちっちゃいね

今から約《やく》2700年前の紀元前《きげんぜん》7世紀《せいき》のなかばごろに、アナトリア半島の西部にあったリディア王国（現在《げんざい》はトルコ共和国内《きょうわこくない》）でつくられた「エレクトロン貨《か》」が、世界で最初《さいしょ》の硬貨《こうか》といわれているんだ。

「エレクトロン」は古代ギリシャ語で宝石《ほうせき》の「コハク」の意味。エレクトロン貨は金と銀の合金製《ごうきんせい》で、その色がコハクを思わせたことからついたんだ。

エレクトロン貨は、表にライオンの頭、裏《うら》に四角のくぼみを、ハンマーで打ちこんでつくっている。

エレクトロン貨のほかに、古代中国で、青銅製《せいどうせい》の刀形《かたながた》の「刀貨《とうか》」や、農機具の鍬形《すきがた》の「布貨《ふか》」なども、世界で最初の硬貨といわれているんだ。

最近は世界最初の硬貨はリディア以外でつくられたという説《せつ》が有力だ。

世界最初《さいしょ》のお札《さつ》は 1000年前に中国でつくられた

こいつで肉まん売ってくれぃ
ぺらー
はぁ!?
紙なんかじゃ売れねぇよ!!
紙をお金にしたこと自体が発明なんだね～

お札《さつ》の起源《きげん》については、いろんな説《せつ》があるけれど、中国の宋《そう》（960～1279年）で、今から約《やく》1000年前につくられた「交子《じゃおす》（〈こうし〉とも読む）」というお札が、世界最初《さいしょ》のお札といわれているんだ。残念《ざんねん》ながら、今も残っている交子《じゃおす》はない。

交子《じゃおす》は、初めは商人たちが「金銭《きんせん》を預《あず》かった」ことを証明《しょうめい》する「手形」だったんだ。鉄や銅《どう》でつくられた硬貨《こうか》が使われていたんだけど、高額《こうがく》の買い物のときは重たくて持ち運びに不便《ふべん》だったので、手形で売り買いをするようになったといわれているんだよ。

やがて同じ役割《やくわり》の手形を国が発行するようになって、公的《こうてき》なお金であるお札の役割をするようになったんだよ。

紙や印刷《いんさつ》が中国で発明されたから、世界で最初のお札ができたんだね。

世界最大《さいだい》のお札《さつ》ってどのくらい大きいの？

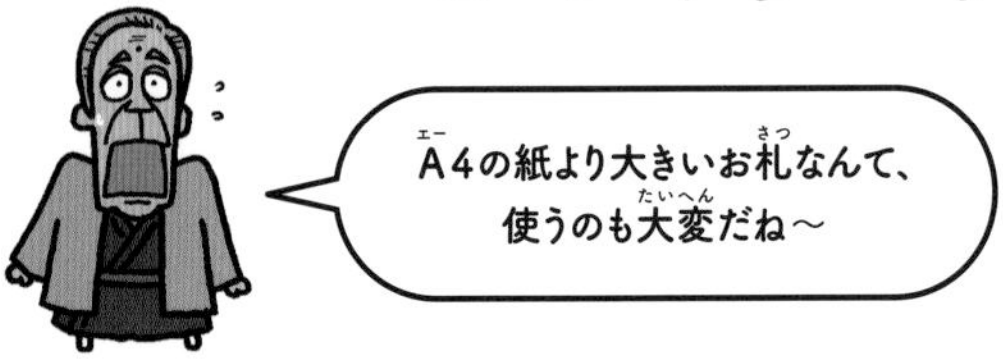
A《エー》4の紙より大きいお札《さつ》なんて、
使うのも大変《たいへん》だね～

中国の明《みん》（1368～1644年にあった王朝）で、1375年に発行された「大明通行宝鈔《だいみんつうこうほうしょう》」というお札《さつ》が、これまでに発行されたなかで世界最大《さいだい》のお札といわれているんだよ。

このお札はの大きさは、縦《たて》33・8センチ、横22センチもあって、この本の大きさでは原寸大《げんすんだい》で写真をのせられないほど大きい、縦長のお札なんだ。A《エー》4サイズ（29・7センチ×21センチ）の紙よりちょっと大きいといったら、イメージできるかな？

日本最大の「めがね札《さつ》」（縦13センチ、横21センチ。64ページ参照《さんしょう》）と比《くら》べてもかなり大きいし、現行《げんこう》の福沢諭《ふくざわゆ》吉《きち》の1万円札（縦7・6センチ、横16センチ）と比べると、長辺《ちょうへん》は2倍以上《いじょう》になるんだ。

大明通行宝鈔《だいみんつうこうほうしょう》には、表に「1貫《かん》」と書かれている。また、1貫の下には、当時の中国のお金の単位《たんい》で100文《もん》の銅《どう》の硬貨《こうか》の束《たば》が、10束描《えが》かれている。1貫は1000文のことなので、このお札の額面《がくめん》を表しているんだね。

1貫は、米1石《こく》（約《やく》170リットル）が買えるほどの高額なお金だったんだ。高額の取り引きのためにつくられたお金なんだって。

また、お札の下半分には、お札を発行した役所名と、このお札が同じ価値《かち》の銀と交換《こうかん》ができること、にせ札をつくったら処罰《しょばつ》する、と注意書きが記されているよ。発行年は後から墨《すみ》で書いたんだ。

このお札は、イネのわらとクワの木の皮を材料《ざいりょう》にした紙でつくられている。その紙に、銅板《どうばん》でつくった版《はん》を使って、1色で刷《す》られたお札だったんだよ。

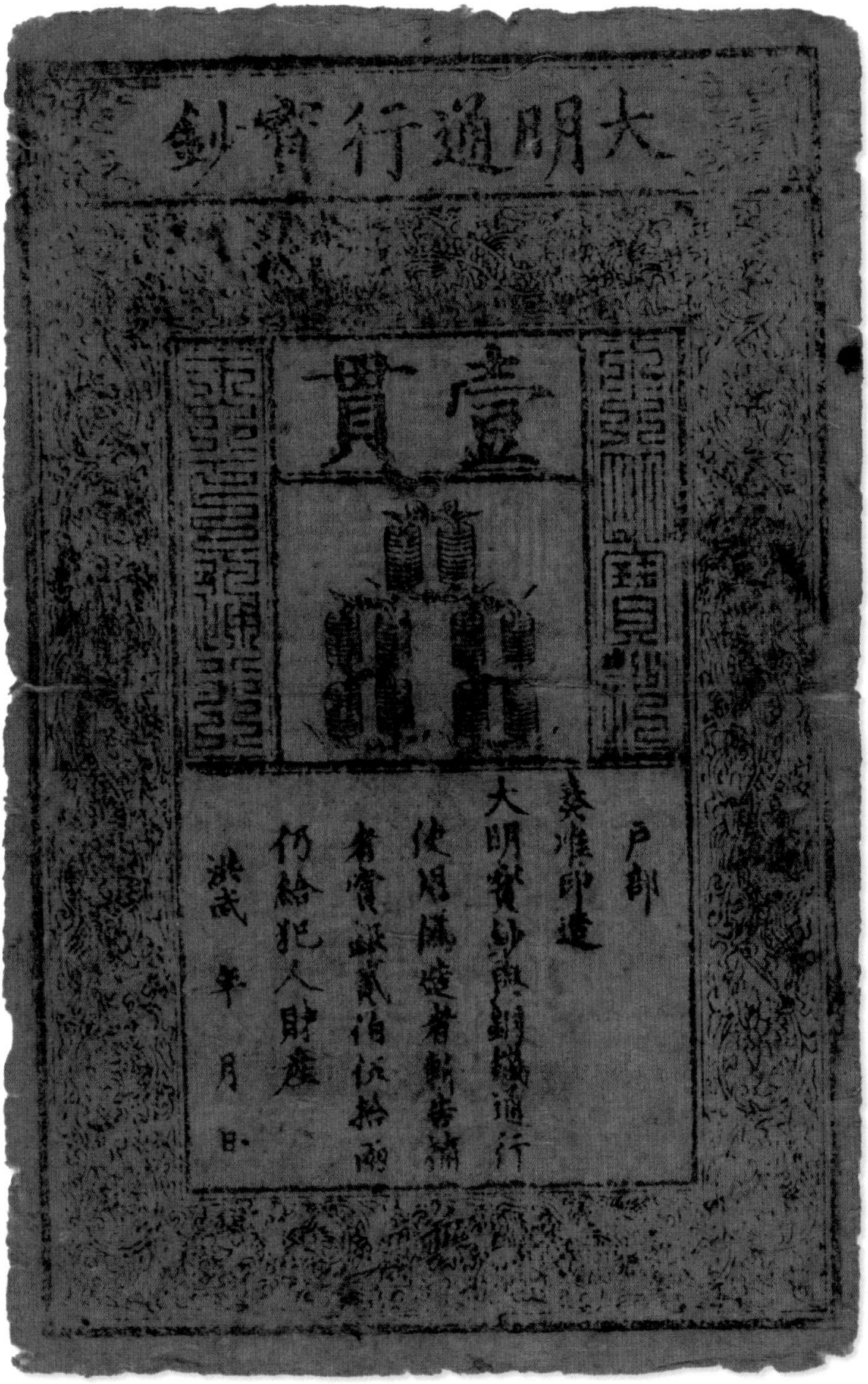

大明通行宝鈔《だいみんつうこうほうしょう》

写真：貨幣博物館

どうやって使うの!? 世界最大《さいだい》のお金が大きすぎる

ヤップ島《とう》の石貨《せっか》　写真：アフロ

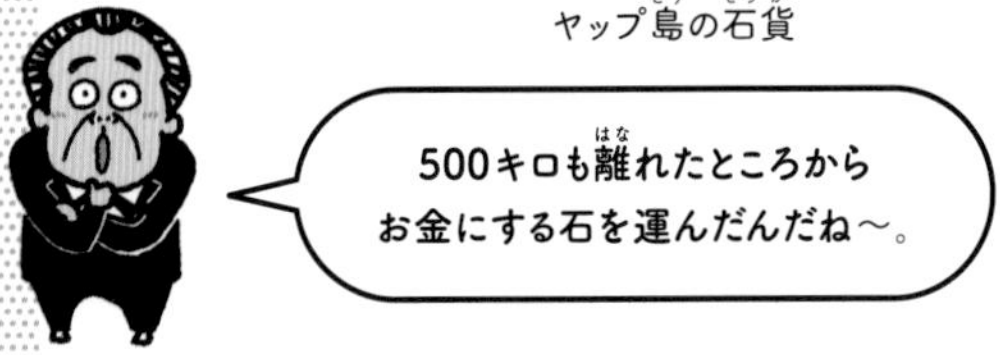

南太平洋のミクロネシア連邦《れんぽう》の島、ヤップ島《とう》で使われていた石のお金「石貨《せっか》」は、大きいとなんと直径《ちょっけい》3〜4メートルもある。現地《げんち》の言葉で「フェイ」というお金なんだ。

石貨の小さいものは直径30センチくらいだけど、直径60センチから1メートルあまりのものが多く使われたんだって。巨大《きょだい》な石貨は、冠婚葬祭時《かんこんそうさいじ》の贈《おく》り物《もの》などのために使われたそうだよ。

石貨は円ばん形《けい》がふつうで、真ん中に穴《あな》をあけ、そこに棒《ぼう》をさして2人で両側《りょうがわ》からかついで運んだんだ。巨大で運ぶことのできない石貨は、置いたままで所有権《しょゆうけん》だけを移《うつ》したんだよ。

ヤップ島では、石貨にする石は採《と》れないので、約500キロも離《はな》れたパラオから危険《きけん》をおかしてカヌーで運んだんだ。だからお金になったんだね。

世界最小《さいしょう》のお札《さつ》って？

切り取ると1ペニッヒとして使える世界最小《さいしょう》のお札《さつ》

写真：植村 峻

ドイツで1914～1923年に発行された「ノートゲルト」は、世界最小《さいしょう》のお札といわれている。

第一次世界大戦《たいせん》（1914～1918年）に敗《やぶ》れたドイツは、中央銀行でお金を印刷《いんさつ》・供給《きょうきゅう》できなくなり、地方の役所や民間《みんかん》会社などがデザインしたお札「ノートゲルト」を発行した。

変わった図柄《ずがら》や、大きさも材料《ざいりょう》も異《こと》なる何百種類《なんびゃくしゅるい》ものノートゲルトが発行され、そのなかに上の写真のようなノートゲルトがあった。100ペニッヒのお札で、切り取ると1ペニッヒ、2ペニッヒ、97ペニッヒのお札として使えた。切り取った1ペニッヒや2ペニッヒの大きさは縦横《たてよこ》2・7センチで、世界最小のお札といわれている。

ノートゲルトは、お札というより、地域《ちいき》クーポンの一種という考えもある。

世界最小《さいしょう》の硬貨《こうか》って？

世界最小《さいしょう》の硬貨《こうか》
1クーナ金貨《きんか》

実際《じっさい》の大きさ

HUM
2022.
1 KUNA
REPUBLIKA HRVATSKA

拡大《かくだい》写真

キラーン
1 KUNA
押《お》すなよ…どっかいっちまう…

世界の造幣局《ぞうへいきょく》は小さい硬貨《こうか》をつくる競争《きょうそう》もしているんだ！

世界最小《さいしょう》の硬貨《こうか》は、東ヨーロッパの国、クロアチアが2022年に発行した「1クーナ金貨《きんか》」。なんと、直径《ちょっけい》1・99ミリ、重さ0・05グラムしかない。米粒《こめつぶ》よりも小さくて、ルーペでないと文字も図も見えないんだ。

クロアチアは「クーナ」という通貨を使っていたけど、2023年に通貨がユーロに変《か》わることになったんだ。そこで、1994年から使ってきた「クーナ」を記念《きねん》するため、世界最小の金貨を発行することにしたんだ。クロアチアの造幣局《ぞうへいきょく》の技術《ぎじゅつ》の高さを、世界に伝《つた》えたかったんだって。

この1クーナ金貨は、2020年にスイスが発行した直径2・96ミリ、重さ0・063グラムの金貨の記録《きろく》を破《やぶ》り、みごと世界最小となった。発行枚数は、たったの199枚なんだ。

世界で最《もっと》も桁《けた》が大きいお札《さつ》は 1000000000000000000000 ペンゴ札

幻《まぼろし》の10垓《がい》ペンゴ札《さつ》

ジンバブエの100兆《ちょう》ドル札《さつ》　写真：植村 峻

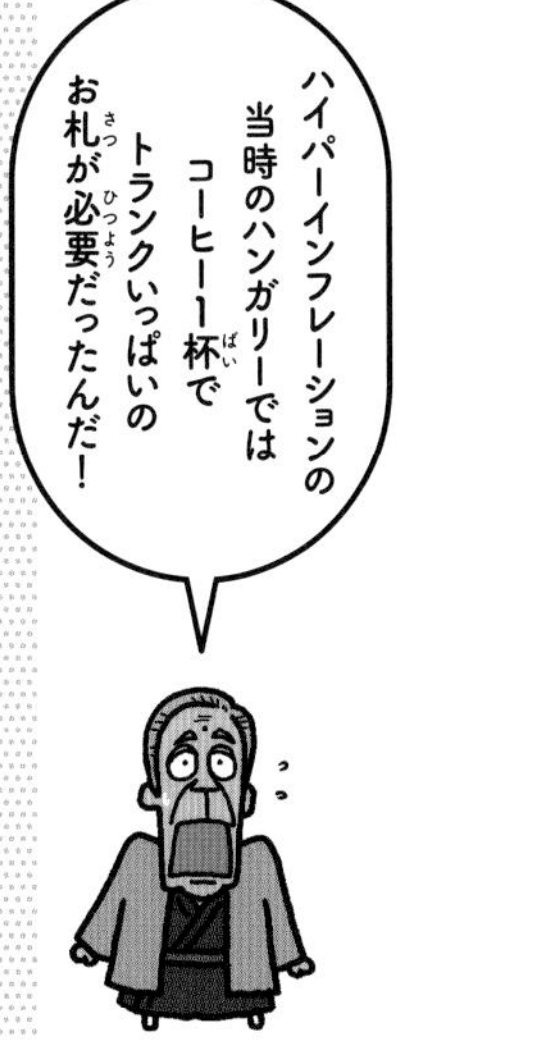

世界で最《もっと》も数字の桁《けた》が大きいお札《さつ》は、ハンガリーで第二次世界大《たい》戦《せん》（1939〜1945年）後に計画された、10垓《がい》ペンゴ札だよ。10垓《がい》は0が21個《こ》も並《なら》ぶ数なんだ。お札から数字がはみ出してしまうので、10垓ペンゴを表すハンガリー語で表記したんだ。

こんな額《がく》のお札が計画されたのは、お金の価値《かち》が下がって物価《ぶっか》が異常《いじょう》に上がってしまう「ハイパーインフレーション」になってしまったからなんだ。

ハンガリーでは16年間でお金の価値が1垓《がい》3000京《けい》分の1になったそうだけど、何が何だかわからないね。

結局《けっきょく》、10垓《がい》ペンゴ札は発行されなかったけど、1垓《がい》ペンゴ札は発行された。

桁が大きいお札といえば、2008年に、ジンバブエから100兆《ちょう》ドル札も発行されているよ。

ナチスドイツ軍《ぐん》が計画した史上最大《しじょうさいだい》のにせ札大作戦《さつだいさくせん》！

第二次世界大戦《たいせん》（1939〜1945年）年のさなか、ナチスドイツ（1933〜1945年。ヒトラーを党首《とうしゅ》とする、個人《こじん》よりも国を優先《ゆうせん》する全体主義《ぜんたいしゅぎ》の独裁《どくさい》国家）の軍《ぐん》が、敵《てき》国《こく》イギリスの経済《けいざい》を混乱《こんらん》させるために、イギリスのポンド札《さつ》のにせものをつくることを計画したんだ。

　ナチスドイツが迫害《はくがい》したユダヤ人が収容《しゅうよう》されている強制《きょうせい》収容所のなかに工場を建《た》てて、収容したユダヤ人の職人《しょくにん》に、にせ札をつくらせていたんだよ。

　ナチスドイツは、スパイを使って、ポンド札の記号番号のひみつや、用紙、インキ、印刷《いんさつ》の版《はん》などの情報《じょうほう》を手に入れて、本物そっくりにつくりあげることに成功《せいこう》したんだ。試《ため》しに、にせのポンド札をスイスの銀行に持ちこんでも、にせ札だと見破《みやぶ》られなかったんだって。

　そして、1億《おく》3000万ポンド（現《げん》在《ざい》の日本円で約《やく》1兆《ちょう》円）ものにせ札が、実際《じっさい》につくられたといわれている。

　ナチスドイツが戦争《せんそう》に負ける前に、にせポンド札の半分が武器《ぶき》の購入《こうにゅう》などで使われたんだ。スパイへのほうびとして支払《しはら》われたお金も、にせポンド札だったことがあるんだって。

　敗戦後《はいせんご》、ナチスドイツ軍は、にせポンド札を池にしずめてかくそうとしたそうだよ。

　イギリスは戦争《せんそう》には勝ったけど、戦後、ポンド札のすかしを変更《へんこう》しなくてはならかったり、5ポンド以上《いじょう》のお札を回収《かいしゅう》しなければならなくなったりして、ナチスドイツのねらいどおり、経済に影響《えいきょう》が出てしまったんだ。

　このにせ札作戦は、『ヒトラーの贋《にせ》札《さつ》』という映画《えいが》にもなっているよ。

ナチスドイツがつくった、にせ5ポンド札《さつ》
写真：植村 峻

切手そっくりのお札《さつ》があった！

1915年発行の
10ペイカ札《さつ》

10 коп 10

表

Имѣетъ хожде-
ніе наравнѣ съ
размѣнной се-
ребряной моне-
той.

裏《うら》

写真：植村 峻

これが新しいお札《さつ》だ!!
は!!
切手と思って貼《は》っちゃった!!
ズビーーン
このお札《さつ》発行の2年後
1917年のロシア革命《かくめい》で
皇帝《こうてい》はたおされた

ロマノフ家が皇帝《こうてい》として治《おさ》めたロシア帝国《ていこく》で、１９１５年から切手そっくりのお札《さつ》が発行された。

当時のロシアでは金属《きんぞく》が不足《ふそく》していて、新しいお札のための版《はん》がつくれなかった。そこで、１９１３年に発行された「ロマノフ王朝１００周年記念《しゅうねんきねん》切手」の版を使ってお札をつくったんだ。

このお札は切手よりも厚《あつ》い紙でつくられて、裏面《うらめん》にのりもなく、「お金として使える」という注意書きを印刷《いんさつ》して発行された。それでも、切手として郵便物《ゆうびんぶつ》に貼《は》って使う人がいたそうだよ。

この切手型《きってがた》のお札の大きさは、縦《たて》３センチ、横２・４センチ。１１９ページで紹介した「ノートゲルト」は、せまい地域限定《ちいきげんてい》のお札だったので、政府《せいふ》発行のこの切手型のお札が世界最小《さいしょう》のお札だという考え方もあるよ。

4章 お金の未来《みらい》のびっくり

Chapter 4

そもそもお金って？なぜお金で物が買えるの？

はるか大昔、「お金」というものは存在《そんざい》しなかったんだよ。人びとは物と物を交換《こうかん》することで、自分がほしい物を手に入れていたんだ。

でも、相手が交換したい物と自分が交換したい物が一致《いっち》するとはかぎらないし、物の価値《かち》は人によってバラバラだったりするから、物ぶつ交換で物のやりとりをするのって、けっこうめんどうだったんだね。

そこで、多くの人が価値があると思う「物」が、物と物の仲立《なかだ》ちをするために使われるようになったんだ。それはみんながほしがるきれいな石や貝だったり、みんなが食べるお米だったりした。それらが、今のお金と同じ役割《やくわり》を果《は》たしていったんだ。

そして、金や銀などのそれだけで価値がある金属《きんぞく》が「お金」として使われたり、王様などの力を持った人がつくった硬貨《こうか》やお札《さつ》がみんなに信用《しんよう》されることで「お金」として使われるようになったりしたんだ。

現在《げんざい》の日本で、お札で物が買えるのは、国の法律《ほうりつ》で、書かれている金額《きんがく》（額面）で物を買える力を、お札に与えているからなんだ。「強制《きょうせい》通用力」といって、お札を受け取る側《がわ》は、お札での支払《しはら》いを断《ことわ》ってはいけないと定められているんだ。

かつては、お札と同じ価値の金や銀を、お札を発行する中央銀行や政府《せいふ》が持っていて、お札の所有者が金や銀と交換したいといえば、交換する必要《ひつよう》があったんだ。

でも今は多くの国で、お札を発行する中央銀行が、発行するお札の量《りょう》を管《かん》理《り》する方法《ほうほう》をとっているんだよ。

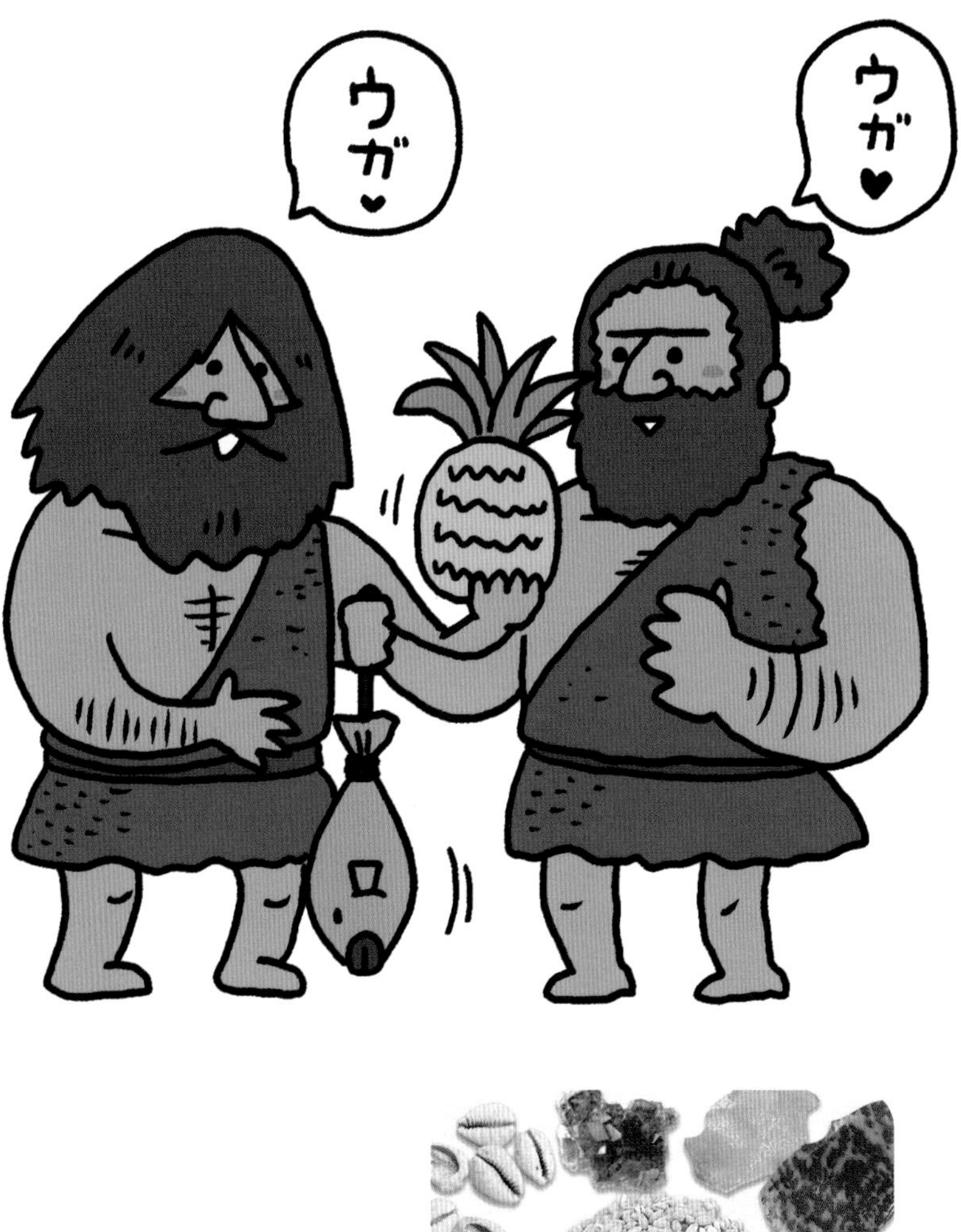
ウガ♥
ウガ♥

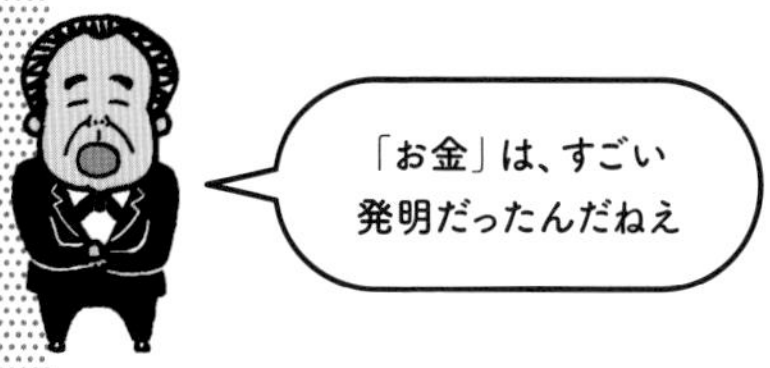
「お金」は、すごい
発明だったんだねえ

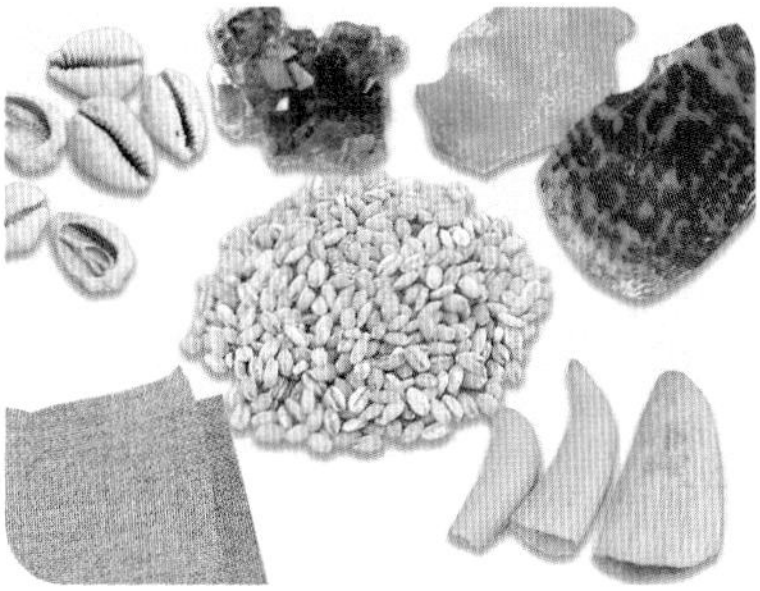

いろいろな物が「お金」として使われた。
写真：spoon

キャッシュレスってどういう意味？電子マネーって何？

お札《さつ》や硬貨《こうか》なしで買い物
できるのはいいけど、
何で払《はら》うか迷《まよ》うよね～

レジ側《がわ》で読《よ》みこむバーコード決済《けっさい》

写真：ピクスタ

「キャッシュレス」とは、英語《えいご》でcashlessと書く。「現金《げんきん》なし」とか「現金不要《げんきんふよう》」という意味なんだ。

クレジットカードで買い物をしたり、乗り物の運賃《うんちん》を交通系《こうつうけい》カードなどを使ったりして現金以外《いがい》で支払《しはら》うことを「キャッシュレス決済《けっさい》」というんだ。

おもなキャッシュレス決済手段《しゅだん》としては、クレジットカードやデビットカード、電子マネー、コード決済などがあり、支払い方にも「前払い」「即時《そくじ》払い」「後払い」があるんだ。

クレジットカードは、商品やサービスが提供《ていきょう》された後で、支払いの請求《せいきゅう》がくる後払い。デビットカードは、商品やサービスが提供されたときに、即時に銀行から代金が引き落とされる即時払いなんだ。

電子マネーは、交通系IC《アイシー》カードに

代表される、ICチップがついたカードに、事前に支払ったお金の情報が電子的に登録されているものだ。

最近では、スマートフォンのICチップに事前に支払ったお金の情報を登録する方法もあるよ。

QR《キューアール》コードやバーコードなどを使い、スマートフォンで決済する方式が、「コード決済」だ。店側のQRコードをスマートフォンで読みとったり、お店の人にコードを表示したりして決済する。コード決済では、事前にスマートフォンに支払いアプリをインストールして、銀行口座《こうざ》やクレジットカードなどの情報《じょうほう》を登録《とうろく》しなければならないんだ。支払い方法は前払い、即時払い、後払いとさまざまだ。

キャッシュレス決済のしくみと違《ちが》いを理解して、スマートに買い物しよう。

キャッシュレス先進国はスウェーデン！

え!?
ちょ待って!!
現《げん》金《きん》!?
マジ!?
え?
え?
キャッシュ!?
ーうそっ!!

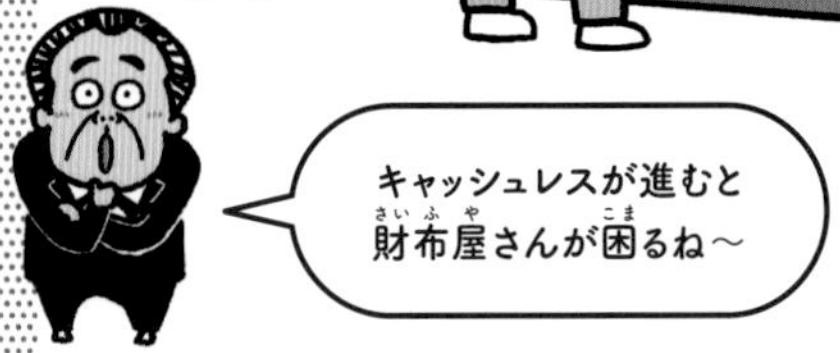
キャッシュレスが進むと
財布屋《さいふや》さんが困《こま》るね～

スウェーデンは、世界で最《もっと》もキャッシュレス化が進んでおり、「現金《げんきん》を持たない国」ともいわれている。大きな商業施設《しせつ》やチェーン店だけでなく、屋台や個人《こじん》商店でもキャッシュレス決済《けっさい》が一般的《いっぱんてき》だ。

2012年からスマートフォン決済が爆発的《ばくはつてき》に普及《ふきゅう》し、とくに若者《わかもの》からキャッシュレスが定着したんだって。現金をまったく持ち歩かない人も多いよ。

2021年の調査《ちょうさ》では、現金の流通《りゅうつう》量《りょう》のGDP《ジーディーピー》（国内総生産《こくないそうせいさん》）に対する比《ひ》率《りつ》で、スウェーデンはわずか1・1パーセント。日本は23・1パーセントで現金使用率が先進国ではとても高い。

スウェーデンでは「現金お断り」という店も多く、なんと銀行の支店の多くも現金を取りあつかっていないんだって。

買い物で同じ額《がく》の硬貨《こうか》を21枚《まい》以上《いじょう》出すと断《ことわ》られる!?

NO《ノー》!!
じゃら
小銭《こぜに》はこまめに使うほうがよさそうだね！

「通《つう》貨《か》の単位《たんい》及《およ》び貨幣《かへい》の発行等に関《かん》する法律《ほうりつ》」という法律で、支払《しはら》いに使える硬貨《こうか》の数は、1種類《しゅるい》につき20枚《まい》までと決められている。あまりに大量《たいりょう》の硬貨で支払いをされると、お店の人が硬貨を数えたり、運ぶのが重かったりして大変《たいへん》だからなんだ。

ちなみにお札《さつ》は法律で、何枚出されても断《ことわ》ってはいけないとされている。

貯金箱《ちょきんばこ》の硬貨を銀行や郵便局《ゆうびんきょく》で入金するとき、手数料《てすうりょう》がかかることもある。手数料がかかるのは硬貨51枚以上《いじょう》だったり、101枚以上だったりと、金融《きんゆう》機関《きかん》による。ATM《エーティーエム》でも同じだ。

スーパーやコンビニエンスストアなどのセルフレジは、一度に硬貨が50枚くらい使えるものが多い。でも、制限《せいげん》枚数《まいすう》をこえると、レジの機械《きかい》が動かなくなることもあるから気をつけよう。

お寺や神社のおさい銭《せん》もキャッシュレス!?

チャリン
おさいせん
おさい銭《せん》もキャッシュレスって未来《みらい》って感じ～！

神社やお寺で、さい銭箱《せんばこ》のそばにQR《キューアール》コードを貼《は》って、参拝《さんぱい》する人にスマートフォンで読みとってもらい、好《す》きな金額《きんがく》を神社やお寺に支払《しはら》う仕組みになっているところがある。

こんな仕組みができた理由には、外国人の参拝者《さんぱいしゃ》が増《ふ》えたことや、コロナ禍《か》で現金《げんきん》にふれることをなるべくへらすようにしたことがあげられる。また、おさい銭としてさい銭箱に入れられるお金が小額《しょうがく》の硬貨《こうか》であることがほとんどのため、たくさんの硬貨を両替《りょうがえ》したり入金するのに手数料《てすうりょう》がかかるようになったことへの対策《たいさく》でもある。

おさい銭ばかりでなく、お守りやお札《ふだ》を受け取るときにも、QRコードや電子マネーを使ったスマートフォン決済《けっさい》ができたり、クレジットカードが使えるところが増《ふ》えているんだ。

1万円札《さつ》は将来《しょうらい》消える？「中央銀行デジタル通貨《つうか》」とは？

何だこの紙切れは？
さぁ…
ガーン
未来《みらい》では認知《にんち》もされていないのか!!
1万円札《さつ》がなくなる日は来ないでほしいな～

「中央銀行」とは、同じ通貨《つうか》を使う国や地域《ちいき》で、お金や金融《きんゆう》の中心となる機関《きかん》であり、日本では「日本銀《にっぽんぎん》行《こう》」がその役割《やくわり》を果《は》たしている。

現在《げんざい》、現金のかわりに、デジタル化した通貨を中央銀行が発行する「中央銀行（中銀）デジタル通貨」が各国《かっこく》で議論《ぎろん》されているんだ。

中銀デジタル通貨は、2020年にバハマと東カリブで正式に発行され、中国、ロシアなども開発を進めている。

キャッシュレス化がさらに進むと、紙のお札《さつ》は必要《ひつよう》がなくなっていく。1万円札などの高額《こうがく》なお札は、将来《しょうらい》は発行されなくなるかもしれないんだ。

1万円札の改刷《かいさつ》は今回が最後《さいご》ともいわれている。ヨーロッパのユーロ圏《けん》では、2016年に500ユーロの高額なお札を製造《せいぞう》中止にしているよ。

仮想通貨《かそうつうか》ってなんなの？

いろいろな仮想通貨《かそうつうか》のマーク

画像：ピクスタ

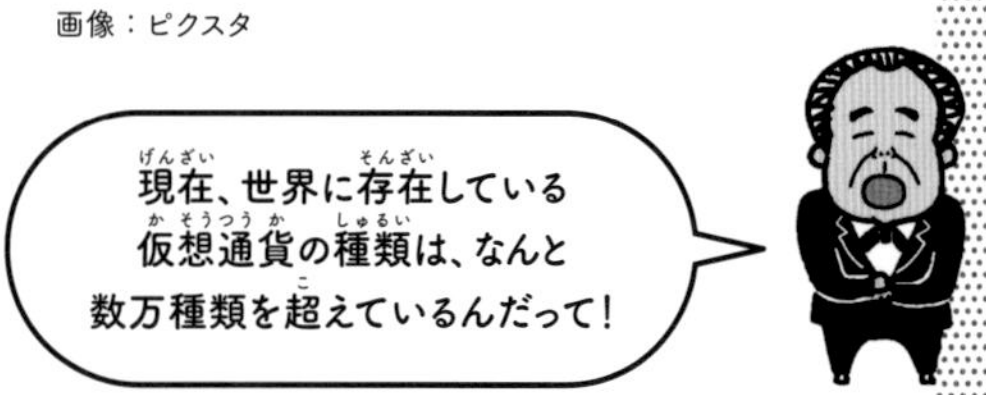
現在《げんざい》、世界に存在《そんざい》している
仮想通貨《かそうつうか》の種類《しゅるい》は、なんと
数万種類を超《こ》えているんだって！

「ビットコイン」などに代表される「仮想通貨《かそうつうか》」は、中央銀行や国が発行しているお金（法定通貨《ほうていつうか》）とは違《ちが》い、インターネット上でやりとりをする、電子的《でんしてき》なお金（財産《ざいさん》）のことなんだ。海外へも送金ができるよ。

法定通貨のように国の裏《うら》づけがないので、私《わたし》たちがふだんの暮《く》らしで使っているお札《さつ》や硬貨《こうか》のように、仮想通貨での支払《しはら》いをこばんではいけない、といった強制力《きょうせいりょく》はない。

あくまでもデジタル化された「お金」なので「仮想通貨」とよび、データ上で勝手に資産《しさん》を操作《そうさ》できないよう、データを暗号化する技術《ぎじゅつ》を応用《おうよう》しているので、「暗号資産」ともよぶんだ。

裏づけがないので、価格《かかく》が大きく変《へん》動《どう》したり、詐欺《さぎ》などの犯罪《はんざい》に使われる危険性《きけんせい》もあるんだよ。

投資《とうし》ってどういうこと？
株《かぶ》ってなんなの？

カブ価《か》がぐんぐん上がってるぞー!!
ぐーん
ほら買った買ったー!!
「お金がお金を産《う》む」ことを期待して「投資《とうし》」するんだね
ワー
ワー
オレに売ってくれー!!
私も!!
ワー
ワー
私も!!

「投《とう》資《し》」とは利益《りえき》を見込《みこ》んで、事業へ資金を出すことだ。「出資」ともいう。投資された会社が、そのお金を使って事業を行い、もうかれば、利益の一部を出資者に分配するんだよ。

資金を集めるために「株式《かぶしき》」を発行し、多くの人に資金を出してもらう会社が「株式会社」だ。株を買った人（株主）は、会社がもうかると「配当金」というお金をもらえる。また、株は売り買いが可能《かのう》で、たくさんもうける会社の株は値段《ねだん》が上がっていく。買ったときより株が高く売れれば、それも利益になる。

ただし、投資した会社の業績《ぎょうせき》が悪いと、配当金が少なかったり、株価《かぶか》が下がったりして、損《そん》をすることもある。

投資には、一定の利息《りそく》をもらう約束《やくそく》でお金を貸《か》す「債券《さいけん》」なんかもある。

高校生でも投資《とうし》ができる！

今日の株式市場《かぶしきしじょう》は…

だからといって、授業中《じゅぎょうちゅう》に
株《かぶ》や証券《しょうけん》の売買をしちゃダメ！

満《まん》18歳《さい》（高校3年生）になれば、高校生でも株《かぶ》などを売買する、投資《とうし》をすることができるんだよ。

２０２２（令和《れいわ》４）年の民法改正《みんぽうかいせい》で、成人年齢《せいじんねんれい》がこれまでの満20歳から、満18歳に変《か》わったため、満18歳になったら株などを売買する「証券口座《しょうけんこうざ》」を開いて投資ができるようになったんだ。

投資でお金をもうけるためには、世界経済《けいざい》や国の動向、企業《きぎょう》の動きを知らないといけない。また、法律《ほうりつ》や統計《とうけい》なども知っておいたほうがいいし、外国の情報《じょうほう》を早く知るためには、外国語の勉強もしておかないといけないね。

アメリカでは、早くから「投資」が学校教育の一環《いっかん》として組み入れられているんだって。日本でも最近《さいきん》、高校の授業《じゅぎょう》に「投資」の学習が取り入れられるようになったんだよ。

これからのお金、みんなのお金

世界最初《さいしょ》の硬貨《こうか》「エレクトロン貨」誕生《たんじょう》から約《やく》2700年、世界最初のお札《さつ》「交子《じゃおす》」誕生から約1000年。人はずっとお金を使ってきた。

今は、現金決済《げんきんけっさい》とキャッシュレス決済とが、同時に存在する時代だけど、これからはキャッシュレス決済がますますさかんになっていくだろうね。

でも、お年玉や冠婚葬祭《かんこんそうさい》などでは、まだまだ現金が使われるし、地震《じしん》などの災害《さいがい》が多い日本では、電気や通信機《つうしんき》器《き》が使えなくなる事態《じたい》にも備《そな》えなくてはならないから、当分は現金がなくなることはなさそうだね。

2024年の改刷《かいさつ》をきっかけに、これからもお金のことを学んでいってほしいんだ。お金にふりまわされることなく、お金を上手に使える大人になりたいね。

\ひと休みコラム/

お金の歴史《れきし》を知ることができる
日本銀行金融研究所《にっぽんぎんこうきんゆうけんきゅうじょ》
貨幣博物館《かへいはくぶつかん》

立体的《りったいてき》な展示《てんじ》で、お札《さつ》やコインの歴史《れきし》にふれることができるよ！

お金《かね》やお金に関《かん》する歴史的《れきしてき》、文化的な資料《しりょう》を集めて保存《ほぞん》し、研究をしながら、広く一般《いっぱん》に公開している施設《しせつ》です。古いお金のコレクターの研究家が日本銀行《にっぽんぎんこう》に寄贈《きぞう》したコレクションがもとになっています。日本の古代から近代までのお金や、中国を中心とする東アジアのお金のほか、お金に関するさまざまな資料が集められています。

今まで発行された
日本のお札《さつ》が
ズラリ!

視聴覚《しちょうかく》
コーナー

1億円《おくえん》が
実感できる
コーナーも!!

お金に関《かん》する
楽しいおみやげも
売っているよ!!

DATA《データ》

住所	東京都中央区日本橋本石町《とうきょうとちゅうおうくにほんばしほんごくちょう》1-3-1 日本銀行分館内《にっぽんぎんこうぶんかんない》
電話番号	03-3277-3037
最寄《もよ》り駅	東京メトロ 三越前《みつこしまえ》駅、日本橋《にほんばし》駅、ＪＲ東京《ジェーアールとうきょう》駅
開館時間	9時30分～ 16時30分（最終《さいしゅう》入館は16時まで）
休館日	月曜日（祝日《しゅくじつ》開館）、年末《ねんまつ》年始、臨時《りんじ》休館日
入館料《にゅうかんりょう》	無料《むりょう》
ホームページ	https://www.imes.boj.or.jp/cm/

 写真：貨幣博物館

＼ひと休みコラム／

日本と世界のお札《さつ》を見ることができる
独立行政法人国立印刷局《どくりつぎょうせいほうじんこくりついんさつきょく》
お札《さつ》と切手の博物館《はくぶつかん》

新日本銀行券の紹介
新しく発行される
お札《さつ》について
くわしく学ぶことが
できるよ！

お札と切手の博物館
お札クイズ
クイズ 5
なぜお札が変わるの？
クイズ 4
クイズ 6
新しいお札に変わっても、古いお札は使える？
めくると答えがあります
楽しい
クイズ
コーナー

お札《さつ》や切手をつくっている国立印刷局《こくりついんさつきょく》の博物館《はくぶつかん》です。国立印刷局が1871（明治《めいじ》4）年の設立以来《せつりついらい》つくってきたお札、切手、証券《しょうけん》などのほか、明治期以前のお札、外国のお札や切手、お札づくりと深い関《かか》わりをもつ銅版画《どうばんが》などを展示《てんじ》しています。お札の歴史《れきし》や、にせ札をふせぐ技術《ぎじゅつ》が学べる博物館です。

お札《さつ》の
製造技術《せいぞうぎじゅつ》が
学べる
お札と切手の博物館
来館記念

めずらしい
世界のお札《さつ》も
いっぱい!!

DATA《データ》

お札と切手の博物館

住所	東京《とうきょう》都《と》北《きた》区《く》王子《おうじ》1-6-1
電話番号	03-5390-5194
最寄り駅	ＪＲ《ジェーアール》・東京《とうきょう》メトロ王子駅《おうじえき》
	東京さくらトラム（都電荒川《とでんあらかわ》線）王子駅前《おうじえきまえ》
開館時間	9時30分～ 17時
休館日	月曜日（祝日《しゅくじつ》開館、翌平日《よくへいじつ》休館）、年末《ねんまつ》年始、臨時《りんじ》休館日
入館料《にゅうかんりょう》	無料《むりょう》
ホームページ	https://www.npb.go.jp/ja/museum/index.html

 写真：お札と切手の博物館

＼ひと休みコラム／

硬貨《こうか》の製造工程《せいぞうこうてい》も見学できる

造幣《ぞうへい》さいたま博物館《はくぶつかん》

お金にまつわる
貴重《きちょう》な資料《しりょう》が
約1000点
展示《てんじ》されているよ！

DATA《データ》

住所	埼玉県《さいたまけん》さいたま市大宮区《おおみやく》 北袋町《きたぶくろちょう》1-190-22
電話	平日 048-645-5899 土日祝 048-645-5990
最寄り駅	ＪＲ《ジェーアール》さいたま新都心《しんとしん》駅
開館時間	9時～16時30分 （最終《さいしゅう》入館16時）
休館日	毎月第3水曜日、 年末年始、臨時《りんじ》休館日
入館料《にゅうかんりょう》	無料《むりょう》
ホームページ	https://www.mint.go.jp/enjoy/plant/plant-saitama

造幣局《ぞうへいきょく》さいたま支局《しきょく》の博物館《はくぶつかん》です。硬《こう》貨《か》や勲章《くんしょう》の製造工程《せいぞうこうてい》を、展示《てんじ》や映像《えいぞう》などでわかりやすく説明《せつめい》しています。記念硬貨やオリンピック入賞メダルの展示もあります。平日は硬貨や勲章の工場が見学可能です。

フォト
スポットも
あるよ！

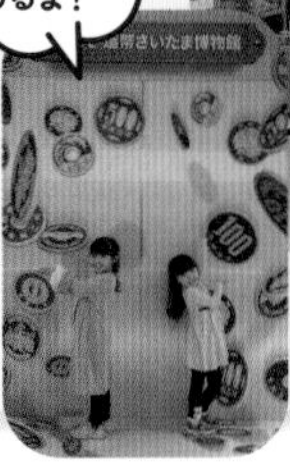

硬貨《こうか》や勲章《くんしょう》の
製造工程《せいぞうこうてい》を見て
学ぶことができる

写真：造幣さいたま博物館

写真・資料提供

植村 峻／二橋瑛夫／大庫隆夫／Heritage Auction,HA.com／Ihimutefu／日本銀行金融研究所貨幣博物館／お札と切手の博物館／造幣さいたま博物館／独立行政法人造幣局／独立行政法人国立印刷局／国峰べっこう屋商店／spoon ピクスタ／アフロ／ゲッティイメージズ／ユニフォトプレス

おもな参考文献・参考資料

●『貨幣博物館 常設展示図録』
（日本銀行金融研究所貨幣博物館刊 ２０１７年発行）
●『お札のはなし その歴史、肖像と技術』
（植村 峻著 一般財団法人印刷朝陽会刊 ２００６年発行）
●『日本貨幣カタログ ２０２３』
（日本貨幣商協同組合刊 ２０２２年発行）
●日本銀行ホームページ「お金の話あれこれ」

監修／植村 峻

うえむら・たかし／1935年生まれ。東京都立大学法経学部法学科卒業。大蔵省印刷局を経て、紙幣等の調査研究機関「カレンシー・リサーチ」設立。お札と切手の博物館顧問、財団法人切手の博物館理事などを歴任した。紙幣研究家。おもな著書『贋札の世界史』（角川ソフィア文庫）、監修『お金の大常識』（ポプラ社）、『お札で学ぶ日本の経済』（くもん出版）など。

監修／中島 真志

なかじま・まさし／1958年生まれ。一橋大学法学部卒業。日本銀行、金融研究所、国際局、国際決済銀行（BIS）などを経て、麗澤大学経済学部教授。早稲田大学非常勤講師。経済学博士。おもな著著に『アフター・ビットコイン 仮想通貨とブロックチェーンの次なる覇者』（新潮社）、『入門 企業金融論 基礎から学ぶ資金調達の仕組み』（東洋経済新報社）など。

監修／二橋 瑛夫

ふたはし・ひでお／1947年生まれ。東京学芸大学卒業。貨幣研究家。国際博物館会議・貨幣博物館国際委員会会員。1993年「外国コイン研究会」設立に参画、1997年から『世界の通貨ニュース』（日本貨幣商協同組合）のコイン関係記事を編集。おもな著書『英国コインの楽しみ』（共編 銀座コイン）、『世界コイン図鑑』（共編著 日本専門図書出版）など。

億万長者も知らない!?

お金のびっくり事典

発行　2024年2月　第1刷

文　中村浩訳
絵　うのき
発行者　千葉 均
編集　森田礼子
発行所　株式会社ポプラ社
〒102-8519
東京都千代田区麹町4-2-6
ホームページ www.poplar.co.jp
印刷・製本　中央精版印刷株式会社
デザイン　尾崎行欧　宗藤朱音　及川珠貴
（尾崎行欧デザイン事務所）

ISBN978-4-591-18034-1　N.D.C.337　143p　19cm　Printed in Japan

P6047002